DEFENDÁMONOS
DE LOS DIOSES

SALVADOR FREIXEDO

DEFENDÁMONOS
DE LOS DIOSES

diversa

© 2015, Salvador Freixedo
© 2015, Diversa Ediciones
    Edipro, S.C.P.
    Carretera de Rocafort 113
    43427 Conesa
    diversa@diversaediciones.com
    www.diversaediciones.com

Primera edición: mayo de 2015

ISBN: 978-84-944037-0-5
Depósito legal: T 572-2015

Diseño y maquetación: DONDESEA, servicios editoriales

Impreso en España – *Printed in Spain*

A Magdalena, que me ha demostrado
que hay diosas que nos ayudan a los humanos.

ÍNDICE

PRÓLOGO
A LA ACTUAL EDICIÓN

Amigo lector: han pasado treinta y un años desde que escribí este libro, y nunca pensé que después de tanto tiempo hubiese alguien que se interesase por su reedición, pero siempre hay Carlos y Olgas con una mente despierta que saben distinguir entre le infinita bazofia que se publica y lo que merece la pena publicarse.

Y después de este sutil autobombo, tengo que decir que tampoco pensé nunca que este libro iba a tener la gran repercusión que ha tenido entre muchas mentes libres (en México tuvo más de diez ediciones) y entre las gentes insatisfechas con las clásicas explicaciones sobre las razones de ser de la existencia humana. Hoy día muchas de las ideas que en él se tratan son ya casi comunes entre muchos jóvenes, pero hace treinta años eran demasiado atrevidas para ser admitidas por una mente seria, aparte de que uno corría el peligro de caer en la caverna de los conspiranoicos. Hoy, a mis noventa y dos años, estoy ya graduado cum laude en conspiranoia y me trae al fresco lo que digan los científicos y los intelectuales que siguen creyendo todavía en los Reyes Magos bajo la forma de mercados, autoridades, Pentágonos, Naciones Unidas, UNESCOS, primas de riesgo o bosones de Higgs. A estas alturas, y después de haber tenido (y despreciado) cientos de oportunidades para conocer la realidad, todavía no se han enterado de que en este mundo los que mandan no son ellos con sus Parlamentos de farsa, sus OTAN, sus HAARP, sus CERN, sus Tavistock o sus MIT. Los que mandan y los que siempre han mandado en este desventurado planeta son los dioses en los que ellos no creen, como tampoco saben que la raza humana no es más que un pobre rebaño asendereado, engañado y maltratado con una espantosa historia de guerras, injusticias, abusos, torturas y falsas ideas acerca del Más Allá con las que los dioses han engañado y amedrentado durante siglos a nuestros líderes. (Porque «ellos», a lo largo de los milenios, se han encargado de tener lazos directos con los grandes líderes de la historia humana, e incluso de mantener lazos sanguíneos con algunos de ellos).

Tengo que confesar que bastantes de las ideas que en el libro apunto son ingenuas, pero no por falsas sino porque se quedan a mitad de camino. Hoy en 2015 conocemos sobre todo esto muchas más cosas de las que sabíamos hace treinta años, y aunque los llamados «intelectuales» siguen repitiendo como loros que no hay pruebas, la verdad es que las pruebas abundan por miles. Despreciando lo que dicen estos engolados sabios, hay millones de personas que están convencidas de que en nuestro mundo, y mezcladas más o menos con nosotros, hay otras inteligencias extrahumanas que son las que por siglos han dirigido, mejor o peor, la marcha de la historia. Y al decir mejor o peor estoy teniendo muy en cuenta la desproporcionada abundancia del mal, de la injusticia y del dolor en nuestro mundo en todos los tiempos. Es decir, que entre estas inteligencias foráneas abundan o actúan más las que nos quieren perjudicar que las que nos quieren ayudar, porque también las hay.

Las ideas ingenuas a las que me refería y el medio camino a que me quedaba en la descripción de algunos hechos he procurado corregirlo y completarlo en mi último libro, *Teovnilogía*, publicado el año pasado. En él trato de identificar a los dioses con los tripulantes de muchos de los ovnis de hoy y sobre todo con los personajes «sagrados» o «malignos» de todas las religiones. Y para ello, paradójicamente, nos ayuda mucho la lectura de la Biblia, tanto en el Antiguo Testamento como en el Nuevo Testamento.

Con el paso de los años he suavizado mucho mis críticas al cristianismo, porque ante la aterradora deriva suicida que en este último medio siglo ha tomado la humanidad con su capitalismo salvaje, su depravación de costumbres, su clima bélico con millones de desplazados y hambrientos, con el narcotráfico y el consumo de drogas globalizado, con la corrupción de las autoridades, con el diabólico terrorismo islámico y las oleadas de emigrantes desesperados, uno ha descubierto que en el cristianismo, con todos sus muchos defectos, es donde radica la única filosofía que puede salvar a la humanidad de su autodestrucción.

Y dentro del cristianismo, el catolicismo, despojado también de muchas excrecencias anticristianas que se le han ido pegando con el paso de los siglos, es el que mejor ha conservado las enseñanzas de Jesucristo, que se resumen en el amor a Dios y en el amor al prójimo como a uno mismo, contra el feroz egoísmo que reina en todas partes.

En este libro critico mucho a las religiones en lo que tienen de carceleras de las conciencias, pero creo que me equivoco al no hacer una excepción con el cristianismo, al menos en el estado en que hoy se encuentra, porque en la actualidad es tremendamente tolerante y respetuoso no solamente con las creencias de otras religiones sino con las discrepancias que uno pueda tener con la doctrina oficial, y prueba de ello son las muchas sectas en las que está dividido sin que haya rastro ya de las inquisiciones de otros tiempos.

Y en cuanto a la persona de Jesús de Nazaret, si algún lector deduce de la lectura de estas páginas que yo lo identifico del todo con los demás hombres-dioses que en el libro presento, sepa que aunque por un tiempo estuve un poco rebelde a sus ideas, con el paso de los años he ido teniendo de Él una idea muy diferente de los demás seres extraordinarios que Dios ha ido mandando para ayudar a los humanos.

Cenlle (Ourense), 2015

INTRODUCCIÓN

«En tiempos pasados los hombres estaban siempre en busca de dioses a quienes adorar. En el futuro, los hombres vamos a tener que defendernos de los dioses».

Con esta frase terminaba mi libro *Israel pueblo-contacto*. Desde entonces he seguido dándole vueltas al mismo tema y buscando hechos que sirviesen de apoyo a una teoría que, a medida que pasa el tiempo, aparece menos como una teoría y más como un hecho incuestionable.

Por otro lado, este libro es, en cierta manera, continuación del mío anterior *Por qué agoniza el cristianismo*. En él traté de demostrar la vaciedad del credo cristiano y de llenar aquel vacío, mostrando otro «más allá» u otra realidad trascendente que esté más de acuerdo con lo que nos dice la vida y la historia de la humanidad, por más que esa realidad trascendente esté disimulada tras mil sutiles velos.

Creo que ya va siendo hora de que la humanidad pensante —porque desgraciadamente la mayoría de la humanidad no es pensante— vaya arrancando estos sutiles velos y se encare con la tremenda realidad de que ha sido manipulada y en cierta manera engañada por los dioses. Quien ayude a esta tarea, aunque corre el peligro de ser tildado de alucinado, estará haciendo una enorme contribución a la evolución de la raza humana.

Este libro pretende ser una ayuda para ello, y soy comprensivo para los que piensen que desvarío. Yo también pensé durante muchos años que estas ideas eran desvaríos, hasta que conocí muchos hechos extraños que sistemáticamente habían estado ocultos a mi conocimiento, o habían sido presentados como meras fábulas. Cuando me convencí de que tales hechos eran tan reales como los que yo presenciaba todos los días en la vida normal, mis ideas acerca de los fundamentos y propósitos de la vida sufrieron un tremendo estremecimiento. Algunas de ellas se derrumbaron estrepitosamente, y otras completamente diferentes comenzaron a tomar cuerpo y fuerza en mi mente. Lamento —y al mismo tiempo no dejo de admirarme— que otras personas con grados académicos y con inteligencia superiores a la mía no sean capaces de deducir todas las cosas tremendas que yo he deducido del mero conocimiento y convencimiento de la realidad de tales hechos extraños.

Las ideas que encierra este libro no solo no son una locura, sino que son una explicación mucho más realista y hasta mucho más profunda que las infantilidades con que el cristianismo y las demás religiones han intentado durante siglos explicarnos el porqué y el para qué de la vida humana. Si se desconocen o se rechazan estas ideas, no se podrá tener una visión realista de las raíces de la existencia humana y seguiremos teniendo las mismas ideas distorsionadas que hemos tenido durante siglos de las religiones, de la historia, de las guerras, de la filosofía y de las culturas y, en definitiva, de la vida.

La tremenda realidad es que la humanidad sabe únicamente lo que los dioses le han dejado saber y cree lo que los dioses le han hecho creer. Pero ya ha llegado la hora de que los hombres sepamos todo lo que debemos y somos capaces de saber, y ha llegado la hora de que no creamos nada o casi nada de lo que los dioses quieren que creamos para su conveniencia.

En lugar de ser portavoces de ideas desquiciadas, estamos propugnando una profunda y nueva teología: la teología de los dioses (con minúscula).

La teología del «Dios verdadero» es falsa; la teología de los dioses falsos es la verdadera. La explicación de estas frases es lo que constituye la esencia de este libro; y desde ahora le decimos al lector que se equivoca si interpreta estas palabras como indicadoras de que profesamos el ateísmo. Ateísmo integral es sinónimo de miopía mental, o por lo menos de una gran confusión de ideas. Pero con la misma sinceridad tenemos que decir, desde el comienzo de este libro, que le retiramos nuestra fe como Dios Universal y Único al dios del Pentateuco, al que reducimos su categoría convirtiéndolo en uno más de los muchos dioses menores que a lo largo de la historia han estado utilizando a los hombres.

La parte más evolucionada de la humanidad está comenzando a sacudirse de una especie de mito de los reyes magos. Los niños, cuando crecen, se dan cuenta de la piadosa mentira que sus padres les han estado contando durante años; les basta con aprender a leer y ver en la parte inferior de los juguetes el lugar donde han sido construidos o comprados, para comenzar a sospechar del bello embeleco tan celosamente guardado por sus padres durante tantos años. Los hombres y mujeres más desarrollados intelectualmente también han aprendido a leer en la naturaleza muchas cosas que en la antigüedad nuestros antepasados no podían leer porque se lo prohibían o simplemente porque su adelanto técnico no los facultaba para leerlas.

Los reyes magos existieron, pero no son ellos los que les traen los juguetes a los niños; el dios cristiano del que se nos habla en el Pentateuco también existió, pero no es el padre bueno que él quiso hacernos creer, y mucho menos es el Dios Universal, Creador de todo el cosmos. Es simplemente un suplantador más, que al igual que muchos otros semejantes a él, pretendió hacerse pasar por la Gran Energía Inteligente creadora de todo el universo. En las páginas siguientes intentaremos presentar las razones en las que nos basamos para defender una idea tan perturbadora y tan extraña a primera vista.

LOS DIOSES EXISTEN

Pero ¿quiénes son los dioses? Como a lo largo de todo este libro estaremos refiriéndonos constantemente a ellos, convendrá que digamos qué entendemos cuando decimos «los dioses», en plural y con minúscula.

Ya hace tiempo que hice la siguiente distinción entre los seres racionales iguales o superiores al hombre:

— hombres,
— superhombres;
— dioses;
— DIOS.

SUPERHOMBRES

Los superhombres son, fundamentalmente, hombres como nosotros, pero preparados para cumplir una gran misión, y por eso están dotados de excepcionales cualidades que los habilitan para cumplirla. Algunos de ellos ya vienen preparados desde su nacimiento y otros adquieren esas cualidades en un momento de su vida, cuando son seleccionados por alguno de los dioses, de los que hablaremos enseguida.

Los fundadores de las grandes religiones suelen ser superhombres. Quien quiera ver a un superhombre en nuestros días y convencerse de los increíbles poderes de los que suelen estar dotados que vaya en la India, a una pequeña ciudad llamada Puttaparthi, cerca de Bangalore y de Hyderabad (capital del estado de Andhra Pradesh) y que trate de ver lo más de cerca posible a un tal Sathya Sai Baba[1]. Digo lo más de cerca posible, porque no será raro que cuando llegue a Prasanthi Nilayam, el templo en el que él reside, se encuentre con varios miles —cuando no cientos de miles— de devotos suyos que le impedirán toda aproximación física al superhombre.

Zoroastro, Buda, Mahoma, Moisés, Confucio, Lao Tse, Mahavira, el Báb, Akenatón, etc. pertenecieron a esta clase de seres.

Pero antes de dejar el tema de los superhombres (sobre el que hemos de volver en repetidas ocasiones a lo largo de estas páginas), tendremos que dejar bien claro que estos seres humanos excepcionales, por muy grandes que sean sus poderes, no son sino instrumentos de los que los dioses se valen para lograr sus deseos en la sociedad humana y en general en nuestro planeta (que no es tan nuestro como nos habíamos imagi-

---

1 Sathya Sai Baba murió en 2011 y es un ejemplo más de cómo los dioses —sobre todo los negativos— se entrometen en la vida de los hombres y juegan con nosotros. Sai Baba, con sus portentosos milagros, había convencido a millones de humanos de que él era un ser divino y sin embargo fue muy justamente acusado por muchas de sus víctimas de ser un vicioso pederasta. [*Nota del editor a la actual edición*].

nado). Unos deseos que, hoy por hoy, el cerebro humano no logra descifrar y que probablemente permanecerán totalmente indescifrables para nosotros mientras nuestra inteligencia no dé un paso drástico en su evolución.

Tal como he dicho, los superhombres son fundamentalmente hombres, bien por su manera de aparecer en este mundo, bien por su constitución física o bien por su muerte más o menos similar a la de los demás hombres. Sin embargo, es de notar que con frecuencia algunos de ellos, en su proceso de utilización por parte de los dioses, se han apartado considerablemente en algunos aspectos de su vida de lo que es normal en los demás hombres. Tal podría ser el caso de Krishna, de Viracocha y de Quetzalcóatl. Dan la impresión de haber participado, en alguna manera, de la naturaleza de los dioses, como si fuesen una especie de híbrido de dios y hombre; o como si fuesen dioses especialmente preparados para desempeñar una misión en este planeta.

DIOSES

Los dioses, en cambio, no son hombres. Algunos de ellos tienen el poder de manifestarse como tales —y de hecho lo han hecho en infinitas ocasiones— y hasta convivir íntimamente con nosotros cuando esto les conviene para sus enigmáticos propósitos; pero cuando cumplen su misión o en cuanto logran lo que desean, se vuelven a su plano existencial, en el que se desenvuelven de una manera mucho más natural y de acuerdo a sus cualidades psíquicas y electromagnéticas.

Pero los dioses no son hombres, y en una de las pocas cosas en que coinciden con nosotros es en que son inteligentes, aunque sus conocimientos y su inteligencia superen en mucho a la nuestra. De su inteligencia hablaremos más en detalle posteriormente. Ejemplo de estos dioses no hombres podrían ser los que vemos en las tablillas sumerias y en la propia Biblia: Marduc, Moloc, El, Astarté, Baal, Enlil y Enki.

GRANDES DIFERENCIAS ENTRE ELLOS

Aunque sobre esto hemos de volver a tratar en varias partes del libro, conviene sin embargo dejarlo bien claro desde ahora: entre los dioses hay muchas más diferencias de las que hay entre los hombres. Estas diferencias son de todo tipo, y no solo se refieren a su entidad física en su estado natural, sino también a la manera que tienen de manifestársenos a nosotros, a su mayor o menor capacidad para manipular la materia y para hacer incursiones en nuestro mundo, a su grado de evolución mental y por lo tanto tecnológica, y hasta, en cierta manera, a su grado de evolución moral, siendo, al parecer, algunos de ellos mucho más cuidadosos en no interferir de forma indebida en nuestro mundo y hasta en no interferir en modo alguno. Difieren entre ellos también en su origen, pudiendo ser algunos de ellos de fuera de este planeta, aunque me inclino a pensar que los que más interfieren en la vida y en la historia de la humanidad son de este mismo planeta que nosotros habitamos, como más tarde veremos. Difieren, también, tanto en las causas por las que se manifiestan entre nosotros como en los fines que tienen cuando lo hacen.

Estas grandes diferencias entre ellos no provienen —tal como sucede entre los hombres— de pertenecer a razas, patrias, religiones, culturas o clases sociales diferentes, o por hablar distintos idiomas; la causa de las diferencias entre los dioses es mucho más profunda, pues mientras los hombres, por muchas que sean nuestras diferencias, todos somos igualmente seres humanos y pertenecemos a la misma humanidad, los dioses no pertenecen a la misma clase genérica de seres, y entre algunos de ellos es muy posible que haya tanta diferencia como hay entre nosotros y un mamífero desarrollado. Y también es muy posible que haya menos diferencia entre nosotros y algunos de ellos que entre algunos de ellos entre sí.

Por las noticias que tenemos, recibidas de ellos mismos (que por otra parte nunca son del todo fiables), muchos dioses desconocen por completo a otros que se han encontrado en sus incursiones en nuestro nivel de existencia, dándose únicamente cuenta de que no pertenecen al mundo humano. Si hemos de creer lo que nos han dicho, no solo tienen una desconfianza mutua, sino que en algunas ocasiones hemos sabido de antipatías manifiestas entre ellos y hasta de batallas declaradas.

Un ejemplo típico de este antagonismo y hasta de estas batallas lo tenemos en la rebelión que, según la teología cristiana, Luzbel organizó, con muchos de sus seguidores, contra Yahvé. Los creyentes que admiten al pie de la letra las enseñanzas clásicas de la Iglesia, y que creen a pies juntillas que esa es la única y total explicación de los orígenes de la existencia del hombre sobre la Tierra y de sus relaciones con Dios, deberían saber que todas las grandes religiones nos hablan de batallas parecidas entre sus dioses, o entre un dios principal y los dioses menores.

Y los no creyentes que miran esas historias bíblicas como algo mitológico a lo que no hay que hacer mucho caso deberían saber que mitos y leyendas no son más que historias reales distorsionadas por el paso de los milenios. Y deberían saber que esas batallas entre dioses que aparecen en todos los libros más antiguos de la humanidad (es decir, en las «historias sagradas» de todas las religiones) se siguen repitiendo hoy delante de nuestros ojos, como veremos más adelante.

Digamos, por fin, que estas grandes diferencias entre los dioses se traducen en su diversísimo comportamiento en nuestro mundo y en sus relaciones con nosotros, que varían enormemente de un caso a otro, y que, debido precisamente a esa gran variedad, nos tienen todavía hoy perplejos acerca de qué es lo que en realidad quieren.

LOS DIOSES TIENEN CUERPO FÍSICO

Aunque la entidad física de los dioses es diferente de la nuestra, sin embargo podemos decir que los dioses tienen algún tipo de cuerpo o algún tipo de entidad física.

Y aquí tendremos que hacer un pequeño paréntesis para explicar que en el cosmos, todo, hasta lo que infantilmente llamamos «espiritual», es en cierta manera «físico» (al igual que todo lo físico está de alguna manera impregnado de espíritu). *«Fisis»* es una palabra griega que significa «naturaleza», y en este sentido podemos decir que todo lo que es natural, o que pertenece al orden natural, es *físico.* Y los dioses no pertenecen al orden «sobrenatural» tal como este ha sido definido siempre por los teólogos.

Para entender las entidades físicas de los dioses (y de otras muchas criaturas no humanas) no tenemos más remedio que acudir a la física atómica y subatómica. El «cuerpo» de los dioses es electromagnético y está hecho de ondas. Y el que encuentre este lenguaje sospechoso, debería saber que el cuerpo humano en último término está hecho también de ondas y nada más que de ondas; porque eso es en definitiva toda la materia. (Y esta es la gran maravilla y el gran secreto de todo el universo. Este es el hecho físico —por encima de todos los sentimentalismos y de todas las concepciones dogmáticas y místicas— que más nos acerca a la ininteligible Entidad que ha hecho el cosmos).

La «materia» del «cuerpo» de los dioses, siendo en el fondo lo mismo que la nuestra, está estructurada en una forma mucho más sutil, lo mismo que la materia que compone el aire está en una forma mucho más sutil que la que compone un lingote de acero, aunque en último término las dos sean exactamente iguales.

Los dioses superiores, a diferencia de nosotros, tienen la capacidad de manejar y dominar su propia materia, adoptando formas más o menos sutiles y haciéndolas más o menos asequibles a la captación de nuestros sentidos cuando así lo desean.

Ubicación de los dioses[2]

Otra de las cosas en las que muchos de ellos coinciden con nosotros es en su ubicación en el universo, pues si bien su nivel de existencia (o como los esotéricos dicen hace muchos años, su

---

2 Hoy día sabemos muchas cosas que ignorábamos hace treinta o cuarenta años acerca de la ubicación de estos seres cuando no andan en sus naves por nuestro espacio. Yo he tardado años en convencerme de que muchos de ellos viven en grandes túneles, perfectamente acomodados a sus necesidades y excavados por ellos mismos a kilómetros de profundidad, desde hace miles de años. He conocido y tratado a varias personas que repetidamente han sido llevadas (no contra su voluntad) a estos túneles en donde han visto las diversas actividades a las que allí se dedican estos seres.
Aunque parezca extraño, muchas razas diferentes, a veces bastante hostiles entre sí y procedentes de lugares diversos en nuestra galaxia, tienen una vida de alguna manera en común, y con militares humanos de varios de los países poderosos del mundo, en estos increíbles y extensísimos túneles. [*Nota del autor a la actual edición*].

nivel vibracional) no coincide con el nuestro, sin embargo para muchos de ellos nuestro planeta es también su planeta.

Preguntar dónde viven exactamente sería un poco ingenuo. Su ubicación obedece a leyes físicas diferentes a las que nosotros conocemos, porque las ideas que los hombres tenemos del espacio y del tiempo son completamente rudimentarias. Muchos de ellos pueden vivir —y de hecho viven— aquí y entre nosotros, y sin embargo no ser detectados normalmente por nuestros sentidos. Nuestros sentidos captan solo una pequeña parte de la realidad circundante. El aire, siendo un cuerpo físico con una realidad semejante a la de una piedra, es completamente invisible para nuestro ojo. Muchos sonidos y muchísimos olores que nuestros sentidos no captan son el mundo normal en que se desenvuelven los sentidos de los animales. Las ondas de televisión que inundan nuestras casas únicamente son visibles por nosotros cuando se transforman mediante el uso de un aparato. No tendremos por tanto que extrañarnos de la invisibilidad de los dioses. En el mundo paranormal hay una casuística abundantísima para reforzar esta tesis.

Aparte de esto, en el irrebatible campo de la fotografía hay casos en los que una foto normal no acusa la presencia de objetos, que solo pudieron ser descubiertos cuando los negativos fueron «quemados» por la hábil mano del fotógrafo[3]. En algún libro mío he publicado pruebas gráficas de esto. De lo dicho anteriormente podemos deducir que no necesitan un suelo para sostenerse ni un aire que respirar, y por lo tanto no tienen necesidad de *estar* en ninguno de los lugares del planeta en que los hombres estamos con nuestra materia y con nuestras cualidades físicas específicas.

---

3 En la fotografía digital pasa otro tanto de lo mismo. [*Nota del autor a la actual edición*].

Por otro lado, creo que no hay más remedio que admitir que algunos, o quizás muchos de ellos, procedan de otras partes del universo, siendo nuestro planeta solamente un lugar de paso o una residencia temporal, lo cual explicaría, por lo menos en parte, la falta de continuidad en muchas de sus actividades en nuestro planeta, y en concreto las grandes variaciones que vemos en sus intervenciones en la historia humana.

La ciencia y los dioses

Algún lector se estará preguntando a estas alturas de dónde hemos sacado nosotros esta peregrina idea de la existencia de semejantes seres. La ciencia no nos dice nada de ellos. Pero la ciencia tampoco nos dice nada de cosas tan importantes como el amor y la poesía, y en realidad sabe muy poco sobre ambas cosas. Y la misma parapsicología académica, que es la ciencia que de alguna manera debería interesarse por la existencia de estos seres, tampoco nos dice nada de ellos y más bien rechaza su existencia cuando algún parapsicólogo audaz hace alguna sugerencia acerca de su posible presencia en algunos hechos paranormales.

Desgraciadamente así son las cosas debido a la esclerosis mental de muchos de los llamados científicos. Pero allá la ciencia y la psicología con sus prejuicios y con sus miopías. *«Amicus Plato, sed magis amica veritas»*. La cruda verdad, por más inverosímil e incómoda que parezca, es que semejantes seres existen y de ellos tenemos testimonios en todos los escritos que la humanidad conserva desde que el hombre empezó a dejar constancia gráfica de lo que pensaba y veía. Y de probarlo nos iremos ocupando a lo largo de estas páginas.

Los dioses y las religiones

Pero si la megaciencia no dice oficialmente nada acerca de estos seres (porque extraoficialmente, y en privado, muchos científicos de primera fila dicen muchas cosas), la religión —que es un aspecto importantísimo del pensamiento humano— dice muchísimas cosas y lleva diciéndolas desde hace muchos siglos. Y al decir religión, estoy diciendo todas las religiones, sin excluir la religión cristiana.

En la mayoría de las religiones a estos seres se les llama de una manera general «espíritus», aunque tengan variadísimos nombres, dependiendo de las diferentes religiones y dependiendo de los diferentes «espíritus». Porque hay que tener presente que todas las religiones conocen las grandes diferencias que hay entre estos «espíritus».

Los griegos y romanos eran quienes, en cuanto a nomenclatura, más se acercaban a la realidad y les llamaban simplemente «dioses», aunque reconocían que eran espíritus que podían adoptar formas corporales cuando les convenía, y por otra parte reconocían también a toda una serie de deidades o espíritus inferiores que estaban supeditados a estos «dioses» mayores.

El cristianismo y los dioses

El cristianismo, por más que nosotros creamos que está muy por encima de toda esta concepción politeísta, acepta también a estos espíritus. De hecho, nos está constantemente hablando de ellos en la Biblia y en todas las enseñanzas del magisterio cristiano a lo largo de muchos siglos. En el cristianismo se les llama «ángeles» o «demonios», se les atribuyen grandes poderes —de hecho a algunos de ellos nos los presenta la historia sagrada como rebelándose contra Dios— y se hacen grandes distinciones entre ellos. Recordemos, si no, la gradación que hay entre las diversas categorías de «ángeles»: arcángeles, ángeles, tronos, dominaciones, potestades, querubines, serafines... Todos estos nombres son una prueba de que la Iglesia tiene una idea muy concreta y muy definida de ellos. Y lo más curioso es que en la Biblia, al mismísimo Yahvé, en alguna ocasión también se le llama «ángel».

Y para que vayamos desembarazándonos de muchas de las ingenuas ideas que nos han inculcado acerca de todo el mundo trascendente, tendremos que decir que estos «espíritus» no son todo lo buenos que nos habían dicho. De hecho, la Santa Madre Iglesia siempre nos ha dicho de algunos de ellos —a los que llama «demonios»— que eran perversos, enemigos de Dios y amigos de apartar al hombre de los caminos del bien.

Pero lo que tenemos que saber es que la lucha que según la teología estalló entre los ángeles antes de que el mundo fuese creado —una lucha que convirtió a algunos ángeles en demonios— todavía continúa, y las rivalidades entre los espíritus aún no se han terminado, siendo todos ellos muy celosos de sus rangos y prerrogativas. En esto, el cristianismo coincide con las otras mitologías.

Y otra cosa aún más importante que tenemos que tener en cuenta a la hora de juzgar a estos espíritus que nos presenta la Iglesia es que quien en la Biblia se nos presenta no solo como jefe de todos ellos, sino como creador del universo, no solo no es creador del universo sino que ni siquiera es superior ni diferente de otros «espíritus» que conocemos de otras religiones. Sí reconocemos que es superior a los otros «ángeles» que nos presenta el cristianismo, pero no lo reconocemos superior a otros «dioses» como Júpiter o Baal. En la misma Biblia tenemos pruebas de esto, si nos atenemos a lo que en ella leemos y no le damos interpretaciones retorcidas contrarias a la letra del texto. Ya me he hecho eco de esto en otros lugares y he citado este curiosísimo texto de la Biblia que, muy extrañamente, los exegetas pasan por alto sin apenas dignarse hacer ningún comentario acerca de él:

> Tomará Arón dos machos cabríos y echará suertes sobre ellos: una suerte por Yahvé y una suerte por Azazel. Y hará traer Arón el macho cabrío que le haya correspondido a Yahvé y lo degollará como expiación. Pero el macho cabrío que le haya correspondido a Azazel lo soltará vivo en el desierto después de presentarlo ante Yahvé. (Lev 16, 5-10).

YAHVÉ, UN DIOS MÁS

Yahvé, a pesar de que se presenta como el Dios supremo y único, reconoce la existencia de Azazel (que según una nota de la Biblia de Jerusalén era el espíritu maligno que dominaba aquellas regiones desérticas). Y no solo eso, sino que le reconoce sus derechos y no quiere buscarse problemas con él, siendo esa la razón de que le ordene a Arón que suelte vivo el macho cabrío que le haya tocado en suerte a Azazel, para que este haga con él lo que le plazca.

Si no es Yahvé un ser de la misma categoría que Azazel, no hay razón alguna para explicarse su extraña conducta. Más adelante, cuando le echemos una mirada más de cerca al Yahvé del Pentateuco, nos convenceremos de que, poco más o menos, es como los dioses de las demás religiones que se manifestaban a los diferentes pueblos para dirigirlos y «protegerlos».

En esta lucha que los ángeles tuvieron entre sí y que la teología nos dice que culminó en la derrota de Luzbel, el gran triunfador resultó ser Yahvé, que al parecer era el supremo jefe de esta facción de ángeles que en aquel momento estaban manifestándose en nuestro planeta. Naturalmente, siendo nuestra teología de acuerdo a las enseñanzas de Yahvé en el Monte Sinaí (y en posteriores manifestaciones a lo largo de los siglos a diversos profetas y videntes), Luzbel tiene que aparecer como el malo y Yahvé como el bueno. Pero usando nuestra cabeza, tal como hacemos para juzgar los hechos de la historia (donde vemos que los vencedores describen los hechos en su favor y presentan a los vencidos como malos y perversos), podemos llegar a la conclusión de que no hay mucha diferencia entre estos dos personajes. Y si Luzbel se comporta como se comportan los hombres (y muy probablemente se comporta de una manera parecida), es muy lógico que trate de vengarse de su vencedor, y la mejor manera de hacerlo es tratando de restarle súbditos y de deshacer toda la obra que aquel haya pretendido hacer entre los hombres.

MITOLOGÍA Y DIOSES

Las abundantes y diversísimas mitologías de todos los pueblos que antaño se nos presentaron como fruto de la imaginación semiinfantil de los pueblos primitivos han ido poco a poco ganando valor en los tiempos actuales, pues vemos en ellas ni más ni menos que el recuerdo de hechos sucedidos hace muchos miles de años, si bien deformados por el paso del tiempo. Los antropólogos las estudian y las conocen muy bien, pero las enfocan desde un punto de vista prejuiciado para explicar sus teorías. El estudioso de la nueva teología cósmica las estudia desde otro punto de vista completamente diferente y mucho más abarcador, sin dejarse atrapar ni por las teorías concebidas a priori de los antropólogos, ni por los dogmas obcecantes de cualquiera de las religiones que tienen aprisionadas las mentes de casi todos los habitantes de este planeta.

Los estudiosos de esta nueva teología tratan de esclarecer y corroborar estas mitologías cotejándolas con otros hechos con los que nos encontramos en la historia y con multitud de fenómenos con los que nos encontramos en la actualidad.

Lo que el estudio de estas mitologías va dando de sí es que en la antigüedad remota y no tan remota (y muy pronto veremos que ahora también), seres que se decían celestiales se manifestaban a los asombrados habitantes de este planeta y les decían que ellos eran dioses todopoderosos o, más audazmente, el Dios creador de todo el universo. Los primitivos terrícolas, con unos conocimientos muy rudimentarios de la naturaleza, asombrados por una parte ante la belleza de lo que contemplaban, y aterrorizados por otra, no dudaban un momento de que estaban realmente ante los señores del universo y rendían sus mentes sin dudar, poniéndose incondicionalmente a su servicio.

Si esto hubiese sucedido con un solo pueblo, hubiésemos podido achacarlo a una variedad de causas, pero lo cierto es que este fenómeno de la manifestación de un dios se ha dado en prácticamente todos los pueblos de los que tenemos historia escrita. Colectivamente hablando, el fenómeno de la manifestación de un dios, y hablando individualmente, el fenómeno de la aparición o iluminación, son hechos que se han estado repitiendo constantemente en todas las latitudes, en todas las culturas y en todas las épocas a lo largo de los siglos. Más tarde, cuando describamos más a fondo la manera que los dioses tienen de comunicarse con los hombres, hablaremos en concreto de estos fenómenos.

Pero tenemos que dejar sentado como un hecho histórico incuestionable: absolutamente todos los pueblos, sin excepción, han obedecido y adorado a algún dios, del que decían que —de una manera u otra— se había manifestado y comunicado con sus antepasados, a los que había instruido en muchas cosas (frecuentemente en cómo curar las enfermedades o en otros secretos de la naturaleza), y a quienes habían prometido protección si eran fieles a lo que él les dijese, o más concretamente, si seguían las normas de vida que él les dictaba.

¿APARICIONES SUBJETIVAS?

Naturalmente aquí cabe discutir si estas creencias de todos los pueblos se debían a apariciones objetivas de estos seres «celestiales» o eran sencillamente creaciones subjetivas debidas a la religiosidad innata de los hombres de todos los tiempos. La ciencia oficial, con psicólogos y psiquiatras al frente, nos dirá indefectiblemente que estas creencias se debían a esto último, y que tales apariciones o manifestaciones objetivas nunca tuvieron lugar.

Contrarios a ellos tenemos a los fanáticos religiosos (o simplemente a los creyentes fervorosos) que defienden —si hace falta con sus vidas— que la realidad objetiva de las apariciones y manifestaciones divinas de las que habla su santa religión es incuestionable.

¿Quién está en la verdad? Como muy bien sabe el lector, la verdad total no es patrimonio de nadie, y en este caso concreto así sucede exactamente. La ciencia tiene mucho derecho para decir que, en infinidad de ocasiones, lo que se presenta como una visión es una pura alucinación, fruto de un psiquismo enfermizo; y que lo que se presenta como milagro —es decir, como una prueba de la presencia inmediata o cuasi inmediata de Dios— no es en el mejor de los casos más que el uso consciente o inconsciente por parte del taumaturgo de una ley desconocida de la naturaleza.

Hasta aquí la parte de razón que tiene la ciencia oficial, que no es poca. Pero los religiosos también tienen su parte de razón. Su pecado consiste en distorsionar los hechos y en desorbitarlos, convirtiendo en verdades absolutas o universales lo que únicamente son fenómenos relativos, locales y temporales. En muchísimas ocasiones, el hecho de la visión o de la aparición ha sucedido objetivamente, pero no ha sido precisamente lo que los videntes han creído que era, o más exactamente, lo que les han hecho creer que era. Aquí es donde entra en juego la acción engañosa de los dioses. Esta acción deceptoria no solo actúa inmediatamente y a corto plazo sobre los videntes y sus contemporáneos, sino que se extiende muchos años después, hasta los mismos científicos y la sociedad humana en general, haciéndoles creer que tales visiones son cosas puramente subjetivas, mitológicas y totalmente carentes de realidad.

Como podemos ver, el juego de los dioses es doble: a los testigos inmediatos los convierte en ardientes fanáticos (los pobres no tienen otro remedio después de haber visto y sentido lo que han visto y sentido) y al resto de la sociedad —y muy especialmente a la sociedad científica—, que no han sido testigos inmediatos, les produce un efecto totalmente opuesto, es decir, les crea una especial y desproporcionada resistencia mental para admitir semejantes hechos como reales, por más que los veamos repetidos y documentados hasta la saciedad en todos los libros sagrados y profanos de todas las culturas y de todas las épocas. Las religiones

—omnipresentes en toda la historia humana— son el resultado de tales hechos «imposibles».

Pruebas históricas

El objeto de este primer capítulo es precisamente ir rompiendo esta especial dificultad que los hombres de esta sociedad tecnificada tenemos para admitir semejantes hechos, y ayudarnos a admitir la posibilidad de que no seamos únicamente nosotros los habitantes inteligentes de este planeta.

Pues bien, en este particular, quiero poner al lector en contacto con un gran libro en el que encontrará pruebas históricas —cientos de documentos tan auténticos como aquellos en los que fundamentamos nuestra historia— procedentes de todas las culturas y de todas las latitudes. Me refiero al libro de mi entrañable amigo ya fallecido Andreas Faber-Kaiser titulado *Las nubes del engaño*. En él podrá ver que la mayor parte de los historiadores de la antigüedad han dejado testimonio escrito de la aparición o de la intervención en la historia humana de unos extraños personajes inteligentes no humanos que han llenado siempre de admiración a nuestros antepasados[4].

Naturalmente, el incrédulo seguirá pidiendo pruebas para cerciorarse de la existencia de semejantes seres inteligentes no humanos. Y se las proporcionaremos, o mejor dicho, él mismo se las puede proporcionar, si se toma el trabajo, tal como dijimos unas líneas más arriba, de leer los repetidos y documentados testimonios que se encuentran en todos los libros sagrados y profanos de todas las culturas y de todas las

---

4 Además de este libro, le sugiero al lector cualquiera de las obras del incansable investigador de hechos paranormales Ramón Navia-Osorio. [*Nota del autor a la actual edición*].

épocas; y se convencerá de esta realidad si reflexiona desapasionadamente acerca de los fundamentos doctrinales y de los orígenes de *todas* las religiones.

Tomemos por ejemplo los orígenes del cristianismo y despojémonos por unos instantes de nuestros sentimientos hacia él (ya que si no lo hacemos así, el afecto que sentimos hacia las creencias propias y de nuestros padres nos impedirá examinarlas desapasionada y racionalmente).

Los diez mandamientos fundamentales de la religión cristiana no solo son el fruto de la aparición de uno de estos seres suprahumanos, sino que fueron entregados personalmente por él y nada menos que grabados en piedra, si es que hemos de creer lo que durante más de 3000 años ha venido enseñando el judeo-cristianismo.

En el libro más respetado en todo el mundo occidental se nos dice que un ser llamado Yahvé se apareció en una nube desde la que se comunicaba con los humanos; una nube que, según leemos en el Pentateuco, hacía cosas muy extrañas para ser una nube normal. Este señor, al que acompañaban otros seres suprahumanos dotados de extraordinarios poderes (que por otro lado eran bastante parecidos en sus pasiones a los hombres y que con mucha frecuencia se inmiscuían abiertamente en sus vidas), estuvo apareciéndose de la misma manera durante varios siglos a todo el pueblo hebreo y de una manera personal a diversos individuos a los que les indicaba cuál era su voluntad específica en aquel momento.

Posteriormente, en el cristianismo, las apariciones de todo tipo de seres no humanos, o humanos ya glorificados, se convirtieron en algo completamente normal y admitido por las autoridades de la Iglesia. Negar ahora este hecho, tal como pretenden hacerlo algunos teólogos modernos, es querer tapar el sol con un dedo.

A los que nos digan que Dios tiene el derecho de manifestarse como quiera y a los que nos presenten la teofanía del judeo-cristianismo como algo único, les diremos que si bien es cierto que Dios tiene el derecho de presentarse como quiera, no es lógico que lo haga con todas las extrañísimas circunstancias con las que lo hizo en el caso del pueblo hebreo, y por otro lado no estaremos de acuerdo de ninguna manera en que el caso judeo-cristiano sea un caso único. Al contrario, nos encontramos con que la manera en que Yahvé se manifestaba al pueblo hebreo no difiere fundamentalmente en nada de la manera que otros dioses usaron para manifestarse a sus «pueblos escogidos»; porque, como ya dijimos, estos seres suprahumanos gustan de «escoger» un pueblo en el que centrar sus intervenciones con la raza humana y en el que influyen positiva y negativamente, a veces de una manera muy activa y directa.

En este particular, el judeo-cristianismo no tiene originalidad alguna, tal como enseguida veremos. Lo que sucede es que los cristianos, al igual que los fieles creyentes de otras religiones, concentrados en el estudio y en el cumplimiento de sus dogmas y ritos, y aislados por sus líderes religiosos de las creencias y ritos de otros pueblos, han ignorado y continúan ignorando hechos históricos que por sí solos son capaces de sembrar grandes dudas sobre la originalidad y la validez de las propias creencias religiosas.

LAS TEOFANÍAS SE REPITEN

La experiencia de haber sido «adoptados» por un dios es casi común a todos los pueblos de la antigüedad, con la circunstancia de que esta «adopción» conllevaba ciertas condiciones que eran también comunes a todos los pueblos: la exigencia de sacrificios sangrientos de una u otra clase a cambio de una protección (que resultaba ser tan mentirosa y a la larga tan poco eficaz como la que Yahvé dispensó al pueblo hebreo). De hecho, leemos en una nota de la Biblia de Jerusalén: «En el lenguaje del antiguo Oriente se reconocía a cada pueblo la ayuda eficaz de su dios particular».

Si bien es cierto que las mitologías y leyendas folclóricas de la antigüedad no tienen en muchos casos prueba alguna documental (aunque en muchos otros casos sí la tienen), nadie puede negar la realidad altamente intrigante de que muchos pueblos, separados por miles de años y por miles de kilómetros, han tenido creencias y practicado ritos muy semejantes; ritos y creencias que, analizados a fondo, se dirían procedentes de un tronco común.

Existe la peculiaridad de que muchos de estos ritos y creencias son bastante antinaturales e ilógicos, pudiendo uno llegar a la conclusión de que no brotaron espontáneamente de la mente de los humanos como una ofrenda a sus «dioses protectores», sino que les fueron impuestos a los terrícolas por alguien que, a lo largo de los siglos, ha conservado los mismos gustos retorcidos, contradictorios y en muchos casos crueles.

Paralelos entre las teofanías

Volviendo al caso histórico del pueblo hebreo y dejando de lado a los otros dioses de los pueblos de Mesopotamia, tan desconcertantemente parecidos a Yahvé y contra los que este tenía tan tremendos celos (Baal, Moloc, Nabú, Aserá, Bel, Milkom, Oanes, Kemos, Dagón, etc.), vamos a fijarnos en una experiencia específica y extraña exigida por Yahvé al pueblo hebreo y a encontrarnos con otro pueblo (separado del pueblo hebreo por unos 10 000 kilómetros en el espacio y por unos 3 000 años en el tiempo) al que su «dios protector» le hizo pasar por la misma extraña experiencia.

Me refiero al hecho de andar errantes por muchos años antes de llegar a la «tierra prometida» y bajo el mandato específico y la dirección inmediata de Yahvé. El lector que quiera conocer más a fondo los detalles de todo este peregrinar no tiene más que leer el libro del Éxodo, que es uno de los cinco primeros que componen la Biblia.

HEBREOS Y AZTECAS

Pues bien, esta extraña aventura —que tiene que haber resultado penosísima para el pueblo judío— la vemos repetida con unos paralelismos asombrosos e incomprensibles en el pueblo azteca. Según las tradiciones de este pueblo, hace aproximadamente 800 años que su dios Huitzilopochtli se les apareció y les dijo que tenían que abandonar la región que habitaban y comenzar a desplazarse hacia el sur hasta que encontrasen un lugar en el que verían «un águila devorando a una serpiente». En este punto se asentarían y él los convertiría en un gran pueblo.

La región que por aquel entonces habitaban los aztecas estaba en lo que hoy es terreno norteamericano —probablemente entre los estados de Arizona y Utah—, y por lo tanto su peregrinar hasta Tenochtitlán fue notablemente más extenso que el que a los hijos de Abraham les exigió su «protector» Yahvé. La caminata de los *hijos de la Grulla* (como tradicionalmente se llamaba a los aztecas) fue de al menos de 3 000 kilómetros y no precisamente por grandes carreteras, sino teniendo que atravesar vastos desiertos y zonas abruptas y de densa vegetación que ciertamente tuvieron que poner a prueba su fe en la palabra de su dios Huitzilopochtli.

Pero por fin, después de mucho caminar, encontraron en una pequeña isla, en medio del lago Texcoco, el águila de la profecía devorando una serpiente en lo alto de un nopal. Esta pequeña isla estaba exactamente donde ahora está la impresionante plaza del Zócalo, en medio de la Ciudad de México. La febril actividad constructora de los aztecas —muy influenciada por otros dos pueblos que anteriormente se habían distinguido mucho por sus grandes construcciones: los olmecas y los toltecas— pronto convirtió aquellos lugares pantanosos en la gran ciudad con la que se encontraron los españoles cuando llegaron a principios del siglo XVI. Hoy día apenas quedan algunas partes con agua del lago Texcoco, pero cuando llegaron los aztecas, allá por el año 1325, el lago ocupaba una superficie notablemente mayor del valle de México.

Con lo dicho hasta aquí, no podríamos encontrar sino un paralelo genérico con lo que les aconteció a los hebreos, y ciertamente no tendríamos derecho a esgrimirlo como un argumento en favor de nuestra tesis. Pero si consideramos cuidadosamente todos los detalles de la historia de la peregrinación azteca, nos encontraremos con muchas otras circunstancias muy sospechosas. Por ejemplo:

- ❖ La personalidad de Yahvé era muy parecida a la de Huitzilopochtli. Ambos querían ser considerados como protectores y hasta como padres, pero eran tremendamente exigentes, implacables en sus frecuentes castigos y muy proclives a la ira.
- ❖ Ambos les dijeron a sus pueblos escogidos que abandonasen la tierra que habitaban. Yahvé lo hizo primeramente con Abraham haciendo que dejase Caldea,

y lo hizo posteriormente con Moisés forzándolo a que abandonase Egipto al frente de todo su pueblo.

❖ Ambos acompañaron «personalmente» a sus protegidos a lo largo de toda la peregrinación, ayudándolos directamente a superar las muchas dificultades con que se iban encontrando en su camino.

❖ Yahvé los acompañaba en forma de una extraña columna de fuego y humo que lo mismo los alumbraba por la noche que les daba sombra de día, y les señalaba el camino por donde tenían que ir, haciendo además muchos otros menesteres tan extraños y útiles como apartar las aguas del mar para que pudiesen pasar de una orilla a otra, etc. Huitzilopochtli acompañó a los aztecas en forma de un pájaro, que según la tradición era una gran águila blanca que les iba mostrando la dirección en la que tenían que avanzar en su larguísima peregrinación.

❖ Este peregrinar, en ninguno de los casos, fue de días o semanas. En el caso judío, Yahvé, extrañísimamente, se dio gusto haciéndoles dar rodeos por el inhóspito desierto del Sinaí durante cuarenta años (cuando podían haber hecho el camino en solo tres meses). Huitzilopochtli fue todavía más errático y desconsiderado en su liderazgo, pues tuvo a sus protegidos vagando dos siglos aproximadamente, hasta que por fin los estableció en el lugar del actual México, D.F.

❖ Si el tiempo que ambos pueblos anduvieron errantes no fue breve, tampoco lo fue la distancia que tuvieron que cubrir. Primero Abraham fue desde Caldea a Egipto, de donde volvió a los pocos años. Pero enseguida vemos a su nieto Jacob volver de nuevo a Egipto (siempre bajo la mirada de Yahvé, que era el que propiciaba todas estas idas y venidas) hasta que, al cabo de unos dos o tres siglos, vemos a todo el pueblo hebreo —por aquel entonces ya numerosísimo— de vuelta hacia la «tierra prometida» capitaneado por Moisés, pero dirigido desde las alturas por aquella nube en la que se ocultaba Yahvé. La distancia que tenía que recorrer el pueblo hebreo era, teóricamente, de unos 300 kilómetros; pero Yahvé se encargó de estirar esos 300 kilómetros hasta convertirlos en más de 1 000. La distancia recorrida por el pueblo azteca fue mucho mayor, ya que no debió de ser inferior a los 3 000 kilómetros, que fueron fielmente recorridos por las seis tribus que inicialmente se pusieron en camino.

❖ Ambos pueblos tuvieron que enfrentarse a un sinnúmero de tribus y pueblos que ya habitaban la «tierra prometida» cuando llegaron los «pueblos escogidos». Los amorreos, filisteos, gebuseos, gabaonitas, amalecitas, etc., que a cada paso nos encontramos en la Biblia en guerra con los judíos, tienen su contrapartida americana en los chichimecas, tlaxcaltecas, otomíes, tepanecas, xochimilcos, etc., con quienes tuvieron que enfrentarse los aztecas en su peregrinaje hacia Tenochtitlán.

❖ Ambos pueblos, en cuanto fueron adoptados por sus respectivos dioses protectores, comenzaron a multiplicarse rápidamente. Y sobre todo, en cuanto llegaron al lugar prometido y se establecieron en él, se hicieron muy fuertes y pasaron a ser los pueblos dominantes de toda la región, avasallando a sus vecinos. Ambos pueblos llegaron a la cúspide de su desarrollo aproximadamente a los dos siglos de haberse establecido en la «tierra prometida».

❖ Los dos pueblos fueron adoctrinados en un rito tan raro como es la circuncisión. Este es un «detalle» tan extraño que induce a sospechar muchas cosas, entre ellas, que Yahvé y Huitzilopochtli eran hermanos gemelos en sus gustos.

❖ Tanto Yahvé como Huitzilopochtli les exigían a sus pueblos sacrificios de sangre. Entre los hebreos esta sangre era de animales, pero entre los aztecas la sangre era frecuentemente humana, como en la dedicación del gran templo de Tenochtitlán, donde, según los historiadores, se sacrificaron a varios miles de prisioneros, abriéndoles el pecho de un tajo y arrancándoles el corazón, todavía latiendo y sangrante, para ofrecérselo a Huitzilopochtli. Yahvé, a primera vista, no llegaba a tanta barbarie, pero parece que a veces acariciaba la idea. Recordemos si no el abusivo sacrificio que le exigió a Abraham de su hijo Isaac (y que solo a última hora impidió) y el menos conocido de la hija de Jefté (Jue 13). Este caudillo israelita le prometió a Yahvé que mandaría sacrificar al primer ser viviente que se le presentase a la vuelta al campamento, si Yahvé le concedía la victoria sobre los ammonitas. Cuando volvía victorioso de la batalla, la primera que le salió al encuentro para felicitarle fue su propia hija. Y Yahvé, que con tanta facilidad le comunicaba sus deseos a su pueblo, no dijo nada y permitió que Jefté cumpliese su bárbaro juramento. Y este no es el único ejemplo de este tipo.

(Y conste que no decimos nada, para no extendernos más, de los auténticos ríos de sangre que el propio Yahvé causó con las continuas batallas a las que forzó durante tantos años a su pueblo.; ríos de sangre que a veces provenían exclusivamente de su «pueblo escogido» cuando se encendía «su ira contra ellos», cosa que sucedía con bastante frecuencia).

❖ Tanto Yahvé como Huitzilopochtli abandonaron de una manera inexplicable a sus respectivos pueblos cuando estos más los necesitaban. Yahvé, que ya estaba bastante escondido desde hacía varios siglos, desapareció definitivamente a la llegada de los romanos a Palestina, y Huitzilopochtli hizo lo mismo cuando llegaron los españoles; y a partir de entonces la identidad de los aztecas como pueblo se ha disuelto en el variadísimo mestizaje de la gran nación mexicana. (Es muy dudoso, por no decir imposible, que los aztecas, pese a las promesas de su protector, logren el supremo y desesperado acto de supervivencia de los israelitas de volver a resucitar como un pueblo de historia y características propias).

❖ Por supuesto, como no podía ser menos, ambos pueblos fueron instruidos detalladamente acerca de cómo debían construir un gran templo en el lugar donde definitivamente se instalasen. Este es otro «detalle», como más adelante veremos, que ha sido básico en todas las apariciones religiosas a lo largo de la historia.

❖ Por si todos estos paralelos no fuesen suficientes, nos encontramos todavía con otro, que le confieso al lector que a mí me produjo una profunda impresión cuando lo encontré ingenuamente relatado por fray Diego Durán, uno de los muchos frailes franciscanos que escribieron las crónicas de los primeros tiempos del descubrimiento de las Américas, basadas en lo que los propios indios les contaban.

El buen fraile, en su relato de las creencias de los antepasados de los aztecas, nos cuenta (por supuesto, con una cierta lástima ante el paganismo «demoníaco» en que se hallaban sumidos aquellos pueblos) que cuando el pueblo entero avanzaba hacia el sur, siguiendo siempre a la gran águila blanca que los dirigía desde el cielo, «lo primero que harían al llegar a un lugar era construir un pequeño templo para depositar en él el arca que transportaban mediante la cual se comunicaban con su dios». Este detalle de llevar también un arca, al igual que los hebreos, y de considerarla de gran importancia, pues era el vínculo que tenían con su protector, es algo que me sumió en profundas reflexiones y que me hizo llegar a la conclusión de que algunos de estos «espíritus que están en las alturas» —tal como los denomina San Pablo— tienen gustos muy afines. Y puede ser que no solo gustos, sino también necesidades. Numerosas veces se asoman a nuestro mundo, o a nuestra dimensión, donde no pueden actuar tan naturalmente como lo hacen cuando están en su elemento.

❖ Todavía como un último paralelo podríamos añadir lo siguiente: si el Yahvé de los hebreos tuvo su contrapartida americana en Huitzilopoctli, el Cristo judío, en cierta manera reformador de los mandamientos de Yahvé, tuvo su contrapartida en Quetzalcóatl, el mensajero de Dios, instructor y salvador del pueblo azteca, que, como Cristo, apareció en este mundo de una manera un tanto misteriosa; fue aparentemente un hombre como él, y como él, se fue de la tierra de una manera igualmente extraña. Ambos prometieron que algún día volverían.

Hasta aquí llegaban los paralelos que personalmente había investigado hace ya unos cuantos años; pero la lectura del libro de Pedro Ferriz *¿Dónde quedó el Arca de la Alianza?* ha dado pábulo a mis sospechas y a mis paralelos con los detalles que allí aporta. Uno de ellos es el curioso «cambio de nombres».

❖ Huitzilopoctli tenía la misma «manía» del cambio de nombres que Yahvé (Abram-Abraham, Sarai-Sara,

Jacob-Israel) y hasta que el mismo Jesucristo (Kefas, Boanerjes). Y por cierto, la misma «manía» que encontramos en los modernos «extraterrestres», que con gran frecuencia les cambian el nombre a sus contactados.

❖ No solo eso, sino que el Moisés azteca (que era el único que hablaba con Huitzilopochtli, según Ferriz) se llamaba Mexi, y su hermana (¡porque también tenía una influyente hermana!) se llamaba Malínal. Pues bien, fonéticamente, «meshi» se parece a «moshe» (Moisés en la versión fonética castellana), y Malínal a María. Y aunque al lector este paralelo pueda parecerle una exageración traída por los pelos, debería saber que estos parecidos en cuestión de nombres propios son algo con lo que nos encontramos frecuentemente en el mundo de lo religioso-paranormal (Chishna-Cristo; Maturea-Matarea, etc.) y son algo habitual en el mundo esotérico. Son chispazos de la Magia Cósmica que escapan a nuestra lógica.

Hasta aquí los paralelos entre el peregrinar del pueblo hebreo y el peregrinar del pueblo azteca. Si todas estas similitudes las encontrásemos únicamente entre estos dos pueblos, podríamos achacárselas tranquilamente a pura coincidencia casual. Pero lo que se hace tremendamente sospechoso es que estas y otras «coincidencias» las encontramos en gran abundancia en muchos otros pueblos de la Tierra separados por miles de años y por miles de kilómetros[5].

---

5 A manera de apéndice final, en mi libro *Israel pueblo-contacto* pongo el caso de una tribu negra del Zaire a la que, aparte de otros curiosísimos paralelos con el pueblo hebreo, su «Yahvé» —que en este caso se llamaba Murl— les enseñó e impuso la circuncisión (!).

Teofanía de los mormones

En nuestro intento por presentarle al lector pruebas o testimonios de la existencia de los dioses, nos fijaremos ahora en el hecho histórico de la aparición y posterior expansión de la religión mormona. Ya no se trata de hechos difuminados por el paso de los siglos —tal como sucede en el caso de hebreos y aztecas—, sino de un hecho casi contemporáneo a nosotros (absolutamente contemporáneo al nacimiento de la nación norteamericana) y perfectamente documentado y hasta notarizado. De él podemos tener menos dudas que de muchos otros sucesos que hoy son perfectamente admitidos como históricos. Naturalmente, quien no tenga interés en investigarlos o no los quiera admitir como históricos, por muchas que sean las pruebas que existan, seguirá repitiendo insensatamente que tales hechos no han existido.

Joseph Smith era un joven y humilde campesino que allá por el año 1823 vivía en el estado de Nueva York, cerca de la actual ciudad de Elmira. Un buen día, cuando se hallaba dedicado a la oración, mientras hacía un alto en su labor de arar su herencia paterna, vio cómo repentinamente delante de él tomaba forma una figura luminosa y «celestial» que dijo ser el ángel Moroni. Este ser siguió apareciéndosele en fechas sucesivas y lo fue instruyendo acerca de lo que en el futuro debería hacer, sobre todo en relación con sus ideas religiosas, que quería que fuese diseminando entre sus familiares y vecinos.

De nuevo estamos ante un caso en que alguien dice que tuvo una visión. Pero en esta ocasión, este alguien tuvo pruebas de que la visión no era fruto de su imaginación. El ángel Moroni le dijo que le iba a entregar una especie de tablas de oro, escritas en caracteres antiguos (que él le enseñaría a descifrar) en las que se mostraba la historia antigua de pueblos llegados por mar desde Europa, que habían habitado Norteamérica, así como las creencias que tanto Joseph Smith como sus seguidores deberían sustentar en adelante.

El misterioso ser cumplió su palabra y un buen día le dijo que debajo de cierta piedra, en el campo, encontraría las tablas o láminas de oro, y que podía llevárselas durante un tiempo para traducirlas y dárselas a examinar a peritos que testimoniasen de su existencia. Así lo hizo Joseph Smith. Y no solo en una sino en dos ocasiones se levantó acta ante notario y más de diez testigos de la existencia y pormenores de dichas tablas, describiéndolas en detalle en cuanto a número de ellas, peso, forma y contenido. En ambos testimonios escritos (que se guardan con gran celo en el templo central de la Iglesia mormona de Utah) se hace constar ex profeso que dichas tablas fueron examinadas por expertos y especialistas en metales y que todos estuvieron de acuerdo en que eran de oro puro, y que si se cotizaran según el precio corriente del oro tendrían un gran valor por la gran cantidad que contenían.

Tal como le había dicho el «ángel» y una vez traducidas y transcritas, Joseph Smith las colocó en el sitio en que le indicó su celestial confidente, y ya nunca más las volvió a ver. El contenido de dichas tablas es lo que constituye la mayor parte de las «sagradas escrituras» de la Iglesia mormona, que pueden ser adquiridas en cualquier librería o biblioteca.

Asegurado el joven campesino en sus creencias con todos estos hechos de los que no podía tener la menor duda, y auxiliado por todas las personas que fueron igualmente testigos de estos y otros hechos paranormales (o «sobrenaturales» según la creencia de ellos), comenzó a extender la nueva religión de «La Iglesia de Jesucristo de los Santos de los Últimos Días», tal como la denominó oficialmente.

Posteriormente veremos cómo en el movimiento religioso de Joseph Smith se cumple una de las tres leyes a las que los dioses se atienen cuando lanzan una nueva religión: en este caso particular se la entroncó con el ya existente movimiento o pensamiento cristiano, aunque se le hizo tomar un nuevo rumbo, «renovador» desde el punto de vista de los mormones y «herético» desde el punto de vista de los cristianos tradicionales.

Sin embargo, lo que ahora nos interesa, que es el objetivo principal de haber traído a colación el caso de los mormones, es la circunstancia de las pruebas concretas (y demostrables desde un punto de vista estrictamente histórico) del hecho de la aparición de un ser extrahumano a un mortal al que adoctrinó extensamente acerca de toda una serie de creencias y ritos. Creencias y ritos que dieron lugar —a pesar de las innumerables dificultades presentadas por los practicantes de otras creencias— a la actual Iglesia mormona, firmemente establecida en el oeste de Estados Unidos y con una fuerza expansionista superior a la de la mayoría de las religiones seculares y clásicas; sus misioneros pueden ser vistos en casi todas las grandes y medianas ciudades de la mayor parte de las naciones del mundo.

El lector se sorprendería si conociese la enorme semejanza que existe entre lo que le sucedió a Joseph Smith y lo que les ha sucedido a muchísimos otros seres humanos, no solo a famosos iniciadores o reformadores de religiones, sino a simples mortales cuyos casos nunca fueron reconocidos por sus coterráneos por juzgarlos puras invenciones de su exaltada imaginación.

Durante muchos años me resistí a admitir la realidad o la objetividad de semejantes apariciones, sobre todo de aquellas que se daban fuera del seno de la Iglesia católica. Ello era el fruto de la cerrada educación religiosa que había recibido en mi familia, y dicho más crudamente, del fanatismo glorificado y racionalizado en el que yo vivía y en el que viven tantas personas que se creen de «mente abierta».

En la actualidad estoy absolutamente convencido de que muchas de las apariciones que la gente dice haber tenido tienen algún grado de objetividad y se dan no solo en el seno del cristianismo sino en todas las religiones, y en algunas de ellas con mucha mayor abundancia que en el catolicismo.

No solo eso, sino que estoy convencido de que estas intromisiones directas y visibles de los dioses en las vidas humanas se dan también fuera del contexto religioso, bajo otros nombres y en otros marcos que no tienen nada que ver con lo religioso; por ejemplo bajo la forma de «espíritus-guía», «maestros superiores», «extraterrestres», etc. El maestro Mario Roso de Luna, a estos seres no humanos que con frecuencia irrumpen en las vidas humanas, les llama «*jinas*», una palabra que tiene profundas raíces lingüísticas y que en castellano tiene otra manifestación más conocida, que es la palabra «genio» (en el sentido de duende o deidad menor).

Por extraño que al lector pueda parecerle, hay personas que tienen un trato personal con estos *jinas* que se manifiestan con una entidad física indistinguible de la de cualquier ser humano. El contacto se hace no solo en lo alto de montañas o en lugares secretos, sino que algunas personas reciben tranquilamente en sus casas a estos misteriosos visitantes, siendo de ello testigos otros miembros de la familia, aunque hay que hacer notar que el trato del *jina* y sus conversaciones suelen circunscribirse casi exclusivamente al humano con quien él quiere relacionarse. Y tengo que confesarle al lector que en la actualidad tengo escritas las vidas de dos de estos *jinas* y de sus relaciones con dos seres humanos diferentes (un hombre y una mujer), con multitud de testigos que dan fe de haberlos visto y hasta de haber hablado con ellos (por supuesto, sin que estos testigos supiesen que estaban tratando con un ser no humano). El día en que los seres humanos a los que me refiero —y con los que me une una estrecha amistad— me den permiso, publicaré o daré a conocer hechos interesantísimos.

LOS OVNIS COMO TEOFANÍA

En líneas anteriores dijimos que este fenómeno de la aparición de un ser extrahumano a un ser humano y de la subsiguiente «iluminación» de la mente del ser humano es algo que se ha dado siempre y que se sigue dando en la actualidad con no menos frecuencia que en tiempos pasados. Estamos tratando de probar esta afirmación; y la prueba, en este caso, aunque esté velada con otros nombres y con otras circunstancias, nos la van a facilitar las agencias de noticias más famosas y los periódicos del mundo entero. La prueba la englobaremos en eso que se llama «fenómeno ovni», que es algo mucho más profundo de lo que se suele leer en la mayor parte de revistas y periódicos y hasta de libros que tratan específicamente el tema.

El fenómeno de los objetos volantes no identificados, gústele a la ciencia o no, es algo que está en la mente de todas las personas civilizadas del planeta y es algo que, pese a las reiteradas censuras y campañas en contra, aflora constantemente a las páginas, pantallas y ondas de todos los medios masivos de comunicación. El fenómeno ovni es, en un aspecto, un síntoma de esta constante comunicación de los dioses con los mortales y, en otro aspecto, es el medio que en la actualidad los dioses usan para ponerse en contacto con nosotros.

Hoy día, imbuidas nuestras mentes de viajes extraterrestres y cósmicos, y excitada nuestra imaginación por adelantos técnicos y electrónicos desconocidos por nuestros antepasados, interpretamos este fenómeno conforme a nuestros contenidos de conciencia; lo mismo que ellos los interpretaban de acuerdo a los suyos. Sin embargo, hay que notar que si bien nuestros antepasados se equivocaban en absolutizar y magnificar lo que sus ojos veían, convirtiéndolo en objeto de adoración, estaban más cerca de la verdad que nosotros, que los convertimos en meros visitantes extraterrestres, y muchísimo más cuando los achacamos a puras alucinaciones de psicópatas. El fenómeno ovni es mucho más que la mera visita de unos señores habitantes de otros planetas, y tiene mucha más relación con el fenómeno religioso que con los viajes de astronautas extraterrestres.

Cuando uno se asoma por primera vez al fenómeno ovni, lógicamente desconoce toda su profundidad: su variadísima ilógica casuística, su enorme influencia en la psicología humana, su trascendencia sociológica, su componente físico, y más concretamente, electromagnético y radiante, etc. Al principio uno tiende a explicárselo con un fenómeno de viajeros interplanetarios más avanzados, pero a fin de cuentas, paralelo al fenómeno científico que desde hace pocas décadas está teniendo lugar en nuestro planeta, donde tras miles de años de aislamiento, la raza humana ha sido capaz de vencer la fuerza de la gravedad y de remontarse más allá de la atmósfera en misiones hacia otros cuerpos celestes.

Esto es lo que a primera vista se presenta y lo que, en un principio, explicó la presencia de tantos extraños vehículos en nuestros cielos. Pero a medida que se siguió investigando y profundizando en el fenómeno, se vio, no sin pasmo, que la cosa no era tan sencilla y que la explicación que en un principio se había dado estaba lejos de dar una solución total al problema.

Un ovnílogo consciente y verdaderamente experimentado (cosa que no siempre sucede entre los que se creen conocedores del fenómeno) no negará la posibilidad y aun la probabilidad de que parte del fenómeno sea lo que aparenta ser, es decir, naves de procedencia extraterrestre —teledirigidas o tripuladas personalmente— que vienen a nuestro planeta con fines exploratorios, de la misma manera que nosotros nos asomamos a la Luna o a Marte. Pero todavía queda un enorme sector del fenómeno para el que esta explicación es claramente insuficiente.

Y llegados a este punto, no cabe otro remedio que explicarle al lector, aunque solo sea de una manera general, en qué consiste el fenómeno ovni y en ponerlo al tanto de ciertas particularidades que no suelen ser tenidas en cuenta en los despachos de prensa que tan a menudo se leen en los medios informativos.

El llamado «fenómeno ovni» consiste fundamentalmente en ciertos objetos que surcan nuestra atmósfera (aunque también pueden manifestarse sobre la tierra o en el mar) y que dan la impresión de estar dirigidos por seres inteligentes (en innumerables ocasiones se ha visto a sus tripulantes bajar de los aparatos y muchas personas han hablado con ellos) que no son seres humanos como nosotros. Sin embargo, a pesar de todos los esfuerzos que se han hecho para dilucidar su procedencia, su constitución física, sus intenciones, sus métodos de propulsión y mil otras circunstancias relacionadas con ellos, hasta hoy no podemos conocer con exactitud casi ninguna de estas circunstancias, ya que los datos que de ellos hemos obtenido, bien sea por investigaciones nuestras o por lo que ellos mismos nos han dicho, son completamente contradictorios y en muchísimas ocasiones totalmente absurdos. Sin embargo, el hecho de su presencia entre nosotros es innegable y está confirmado por cientos de miles de testigos en todas las épocas y en todas las latitudes.

Esta falta de un consenso en cuanto a muchas de sus peculiaridades no quiere decir que no hayamos progresado mucho en la comprensión de todo el fenómeno y que no hayamos ido descubriendo muchas de sus raíces profundas, que estaban totalmente ocultas no solo para nuestros antepasados sino para los que hace solo sesenta años comenzaron a estudiar el fenómeno.

A pesar de que muchos de los estudiosos siguen todavía en sus investigaciones en un nivel bastante rudimentario y se niegan a admitir ciertas implicaciones psíquicas del fenómeno, en la actualidad ya los mejores investigadores saben que el fenómeno es en sus manifestaciones variadísimo y, como dijimos, en gran manera contradictorio de sí mismo. Saben también que no es lo que parece ser a primera vista, siendo por lo tanto en gran medida engañoso; o dicho en otras palabras, que induce fácilmente al error del que lo observa o estudia. Saben que tras hechos que aparentemente tienen una finalidad se ocultan otras intenciones mucho más profundas y a largo plazo; y saben finalmente que todo el fenómeno es altamente peligroso para el psiquismo del que se acerca a él sin las debidas cautelas.

En realidad sabemos del fenómeno otras muchas cosas que son aún más importantes para el hombre; pero estas otras cosas —que son precisamente las que el autor quiere comunicarle de una manera especial al lector— son de más difícil comprensión y admisión, y por eso las iremos exponiendo a lo largo del libro y las haremos objeto de especiales análisis.

Para que el lector no pierda el hilo de las ideas, le recordaremos que la razón de haber traído el fenómeno ovni fue para demostrarle o por lo menos para aminorar su resistencia a admitir las intervenciones en nuestro mundo de seres no humanos. En el fenómeno ovni se podrán encontrar, atestiguado por todas las agencias de noticias del mundo, con miles de casos, aunque en sus circunstancias difieran de cómo nos los habían contado los historiadores de otros tiempos. Más tarde veremos que, a pesar de las variantes, se trata del mismo fenómeno.

Nuestro problema consiste, por lo tanto, en relacionar y, mejor aún, en identificar estos avistamientos modernos de los que nos hablan los periódicos con las visiones de las que nos hablaban los místicos (que han constituido por siglos el origen y la esencia de todas las religiones sin excluir al cristianismo) y con los «prodigios» de los que nos hablan todos los historiadores griegos y latinos, al igual que los libros sagrados de todas las religiones.

En las visiones de los antiguos podemos estudiar más claramente las intenciones de quienes se les aparecían, ya que claramente les indicaban su voluntad, les decían cuál era la conducta que debían seguir hacia ellos y no tenían reparo en decir quiénes eran (aunque mintiesen en la gran mayoría de los casos). Sin embargo, el problema con el que nos confrontamos con estas visiones o apariciones de la antigüedad es la imposibilidad de probar su realidad objetiva, debido al tiempo que desde ellas ha transcurrido, llegando hasta nosotros mezcladas con muchos elementos míticos o legendarios que en muchos casos las hacen difícilmente admisibles.

En cambio, las visiones modernas procedentes del fenómeno ovni, si bien carecen de esa diafanidad en sus intenciones y se nos presentan de una manera mucho más contradictoria en su contenido ideológico, tienen por otro lado algo que echábamos de menos en las antiguas: son perfectamente comprobables. Si logramos, por lo tanto, identificar las visiones modernas con las antiguas, habremos dado un gran paso para dilucidar la esencia de todas ellas, ya que lo que les faltaba a unas lo encontramos en las otras y viceversa.

Esta labor de identificación de ambos fenómenos es la que ha venido haciendo la ovnilogía más avanzada en los últimos tiempos, por más que algunos investigadores del fenómeno no hayan sido capaces de superar las etapas iniciales de esta importantísima ciencia y continúen investigando miopemente ciertos aspectos secundarios de ella.

Hoy no tenemos absolutamente ninguna duda de que lo que los antiguos llamaban «dioses» —y los enmarcaban en todo un complejo sistema de creencias y ritos— es exactamente lo mismo que los modernos denominamos con el genérico término de «fenómeno ovni», cuando este se entiende en toda su amplitud y profundidad. Es decir, las inteligencias que están detrás del llamado fenómeno ovni son las mismas que los antiguos personalizaban en los diferentes dioses. En aquellos tiempos, estas inteligencias creyeron más oportuno (y tenía menos riesgo para ellas) presentarse de aquella manera, mientras que en nuestros tiempos (ante una humanidad mucho más avanzada tecnológicamente) han creído más oportuno presentarse bajo apariencias más fácilmente asimilables o tolerables por los hombres de hoy. Pero las intenciones de su presencia entre nosotros, o de su intromisión en nuestras vidas, son en el fondo las mismas.

Será por lo tanto muy oportuno estudiar con una mirada panorámica cuál ha sido el efecto de su injerencia en las vidas de nuestros antepasados, ya que esto podría darnos alguna directriz en cuanto a cómo deberían ser nuestras relaciones con ellos o cómo debería ser nuestra reacción frente a su presencia entre nosotros. Pero antes de iniciar esta tarea, tendremos que profundizar un poco más en quiénes son estos dioses de los que venimos hablando; cómo son en sí mismos; cuáles son sus cualidades o defectos; conocer sus relaciones entre ellos y con el Dios del universo, al que muchos de ellos han querido suplantar en la mente de los hombres; cuáles son sus poderes y sus debilidades; hasta dónde llegan sus conocimientos; cuáles son sus normas morales, si es que tienen algunas; saber su relación con nuestro continuo espacio-tiempo, etc.

Aunque al escéptico se le haga muy difícil admitir que los hombres podamos saber algo acerca de las interioridades de unos seres de cuya misma existencia duda, la realidad es que, dada la larguísima relación de estos seres con la raza humana, esta, una vez que ha llegado a una cierta madurez intelectual, ya ha comenzado a atar cabos y a encontrar ciertas leyes profundas que rigen la conducta de estos seres inteligentes no humanos; leyes que hasta ahora no habíamos podido descubrir debido en parte a nuestra falta de madurez histórica y cultural y en parte al cuidado que los mismos dioses han tenido a lo largo de los siglos en disimular no solo sus intenciones con respecto a la raza humana sino hasta su presencia en nuestro planeta y, en muchísimas ocasiones, su presencia física en medio de nuestras ciudades[6].

---

6 Me doy cuenta de que mi exposición del fenómeno ovni es demasiado escueta, y el que lo desconoce o no cree en él desearía más datos y más pruebas; pero ese no es el objeto de este capítulo ni de este libro. Sin embargo, a lo largo de él irán apareciendo multitud de datos y pruebas. Yo doy por asentado el fenómeno y remito al lector incrédulo a muchos otros libros sobre este tema, escritos algunos de ellos por científicos de primera línea. La verdad es que no admitir hoy día la existencia del fenómeno ovni, después de la enorme cantidad de testimonios y pruebas que sobre él se han aportado, es demostrar una cerrazón de mente nada envidiable.

LAS ESCALERAS CÓSMICAS

El hombre y el cosmos

El cosmos es muchísimo más complejo de lo que a primera vista se nos muestra. Y aunque parezca una paradoja, muchos de los que se llaman a sí mismos científicos son los que menos se percatan de esta gran verdad, pues tienen la mente demasiado tecnificada y creen que solo lo que ellos pueden comprobar con sus aparatos o con sus cálculos es lo «real» o lo que es posible. Pero no es así. Del cosmos apenas conocemos una infinitésima parte, debido fundamentalmente a que el instrumento con el que contamos para conocerlo, nuestro cerebro, a pesar de ser un formidable instrumento en relación con su tamaño, es a fin de cuentas muy limitado, sobre todo comparado con la vastedad y la complejidad del cosmos.

Los hombres, infantilmente y ayudados o engañados en esto por las religiones —por los dioses—, pensamos que somos el centro del universo. Así nos lo han hecho creer y así lo hemos venido repitiendo durante siglos. «Todas las criaturas fueron hechas para el hombre», leemos en la Biblia. Pero esto es solamente una falsedad más para tener tranquilas nuestras mentes.

El hombre es solo otro de los infinitos seres inteligentes, semiinteligentes y carentes de inteligencia que pueblan el inconmensurable universo. Nuestra infantilidad al enfrentarnos y al enjuiciar las otras realidades del cosmos es patente y además lastimosa. Somos unos auténticos niños en cuanto nos ponemos a enjuiciar las cosas que no podemos percibir clara y directamente por nuestros sentidos. Hablamos de nuestra realidad como si fuese la única realidad existente; dividimos los seres en inteligentes y no inteligentes juzgando únicamente de acuerdo a las coordenadas de nuestras mentes y a los mecanismos que nuestros cerebros tienen para aprehender lo que nosotros llamamos «la realidad»; y hasta nos atrevemos a dictaminar que algo no existe o no puede existir porque «repugna» a nuestra lógica. Somos unos niños ingenuos aseverando muy seriamente que «la fuente de nuestro pueblo es la fuente más grande del mundo», sencillamente porque echa mucha agua.

Solo en relación con el término «inteligente» podríamos llenar muchas páginas analizando nuestra infantilidad y superficialidad al aplicar este término. Decimos que los animales no son inteligentes y, sin embargo, debido a procesos cerebrales, muchos de ellos son capaces de hacer cosas que los hombres no somos capaces de hacer. No solo eso, sino que existen muchas colonias de animales que —debido siempre a procesos cerebrales— logran unirse, organizar su trabajo y vivir mucho más armónica y «civilizadamente» de lo que lo hacemos los hombres.

Y no es que los hombres pensemos que esta manera gregaria de vivir ya ha sido superada por nosotros; la verdad es que los hombres querríamos poder lograr el orden y la armonía que las termitas tienen en sus colonias, pero no somos capaces de lograrlo y a lo más que llegamos es a organizarnos «democráticamente» a través de eso que se llama partidos políticos, en donde muchos buscones acomplejados hacen su caldo gordo jugando con el bienestar de millones de conciudadanos y dándonos como resultado final estas tambaleantes sociedades de hormigas locas amontonadas y robotizadas. (Y no digamos nada de los regímenes totalitarios, fruto de la mente primitiva de algún militar o de la paranoia comunista).

Al entrar a enjuiciar el cosmos, tenemos que ser mucho más prudentes de lo que somos al juzgar las cosas que nos rodean, de las que más o menos tenemos datos más precisos y rápidos de los que disponemos acerca de las enormes realidades del universo. Los hombres, en cuanto dejamos de ver, de oír y de palpar, entramos ya en el mundo de sombras del que nos habla Platón en sus diálogos. Y ni siquiera podemos estar muy seguros de los datos que los sentidos nos proporcionan, ni de la manera en cómo estos son computados por nuestro cerebro. Nuestra inteligencia abstracta tiene que corregir en muchísimas ocasiones a nuestras sensaciones, aunque en la práctica sigamos comportándonos como si estas fuesen verdaderas. Cuando pasamos las yemas de los dedos, por ejemplo, por un cristal o por una mesa de mármol, nuestros sentidos nos dicen que aquella es una superficie completamente tersa, y sin embargo nuestra inteligencia sabe perfectamente que aquella superficie, analizada al microscopio, de ninguna manera es tersa sino que es, más bien, como una esponja, en la que abundan muchísimo más los huecos que las zonas macizas. Y no digamos nada si la contemplamos con ojos electrónicos, porque entonces cambia todo el panorama y todo se convierte en huecos hasta caer en las simas o vacíos intraatómicos, en los que desaparece totalmente lo que llamábamos «materia sólida».

Las grandes realidades del universo y las leyes que las rigen escapan en gran manera a la comprensión de nuestro cerebro, por más que a veces algunas de estas realidades las tengamos constantemente a la vista y hasta sepamos utilizarlas en nuestras vidas diarias; pero desconocemos casi completamente su esencia. Tenemos como ejemplo la luz y la gravedad, dos realidades omnipresentes en nuestras vidas que por otra parte son dos misterios que la ciencia apenas ha comenzado a desentrañar.

Y si no es cierto que «todas las criaturas fueron hechas para el hombre», es aún menos cierto que nosotros seamos el centro del universo. Las matemáticas, con un elemental cálculo de probabilidad, están en contra de este aserto, y si por alguna razón desconocida fuese cierto, la sabiduría de Dios quedaría muy mal parada, ya que este planeta nuestro, junto con sus habitantes, no es precisamente un modelo de perfección.

El universo es como una infinita escalera que asciende de seres menos perfectos a seres más perfectos; y el hombre habitante de este planeta no es más que uno de los innumerables peldaños de esa escalera. Las miles de especies de plantas y las cientos de miles de especies de animales no son sino otros peldaños de esa misma escalera, una inmensa escalera cuya base está formada por eso que medio despectivamente llamamos «materia», y cuya cima está formada por lo que, sin comprenderlo bien, llamamos «el reino del espíritu». Y todavía por encima de ese reino del espíritu, sin pertenecer a nada ni ser abarcado por nada, ni ser entendido por nada ni por nadie, estaría eso que los hombres infantilmente llamamos «Dios».

Por haberlo ya tratado en mi libro *Por qué agoniza el cristianismo*, dejo aquí de lado el gran error que comete la humanidad cuando se enfrenta con el problema de Dios, que no solo lo humaniza y hasta lo mata sino que comete la audacia de definirlo, explicarlo y diseccionarlo. El Dios del cristianismo es una cosa más; una cosa inteligente, grande y poderosa, pero una cosa más. El pecado fundamental de la teología cristiana es el haber «cosificado» a Dios.

Dios no es ni puede ser nada de eso. Dios es algo diferente de todo lo que la mente humana pueda concebir o imaginar. Dios es para la mente humana lo que la teoría de la relatividad es para un mosquito. Si no fuese así y la esencia de Dios fuese comprensible por la mente humana, Dios no valdría gran cosa.

Diferentes peldaños y escaleras

Pero dejémonos de hablar del «Incomprensible» y del único que en realidad «ES» y fijémonos en algunos de los peldaños de esa infinita escalera que constituye el universo.

Como acabamos de decir, el hombre no es más que uno de los infinitos peldaños de esa escalera, y de ninguna manera es el más alto o el centro del universo, por mucho que se empeñe en pensar que «el Hijo de Dios se ha encarnado en nuestro planeta y se ha hecho como uno de nosotros».

Pero al hablar de una escalera estamos dando pie a que el lector se haga una idea falsa. Porque en realidad no se trata de una única escalera sino de muchas escaleras. El hombre es un peldaño de una de ellas y los dioses son un peldaño superior que muy probablemente pertenece a otra escalera diferente. Es decir, que los hombres, por mucho que evolucionen (o por mucho que se reencarnen en este o en otros planetas, según las creencias de muchos), nunca llegarán a ser dioses de la misma especie que estos a los que nos estamos refiriendo. Podrán llegar a ser unos seres superevolucionados y espiritualizados, posiblemente superiores en cualidades y en sabiduría a los dioses, pero no precisamente unos seres como estos que en la actualidad y a lo largo de la historia vemos interfiriendo en la vida de los seres humanos.

Poniéndolo en una comparación más inteligible, un cabo de la Guardia Civil, por mucho que ascienda, nunca llegará a ser general del Ejército del Aire, porque son dos cuerpos diferentes aunque en ambos haya escalafones y aunque los dos pertenezcan a las fuerzas armadas del Estado.

Naturalmente, al hablar así no podemos presentar pruebas de las que les gustan a los científicos y ni siquiera podemos apoyarnos en textos incuestionables (de la misma manera que tampoco nos harán mella los «textos sagrados» que se nos presenten en contra). Hablamos así por pura deducción lógica ante hechos que no podemos negar; hechos que por otra parte son desconocidos por la mayoría de los humanos debido a sus prejuicios y a la tenacidad con que han sido ocultados por la religión y por la ciencia. Y hablamos así porque así han hablado también muchos grandes pensadores de la antigüedad y contemporáneos, cuyas voces en su mayor parte han sido silenciadas o ridiculizadas por los intereses creados de los poderes constituidos.

En cuanto a los otros peldaños que componen la escalera en la que está colocado el hombre, si reflexionamos un poco sobre la naturaleza y sus diversos reinos (mineral, vegetal, animal, humano, orgánico, inorgánico, etc.), veremos que entre ellos hay una gradación nada abrupta, de modo que nos encontramos con muchas criaturas que dan la impresión de pertenecer a dos reinos o de ser una especie de puente entre ellos. Esto sucede por ejemplo con los aminoácidos, ciertos hongos, los corales, las proteínas, etc.

Y bastará asimismo que analicemos la composición física del cuerpo humano, que no es sino un compendio de todo lo que compone la naturaleza; desde los elementos simples que estudian la física y la química hasta las profundidades psicológicas que investiga la psicología o las alturas místicas de las que nos hablan las religiones.

Aunque a algún lector le pueda parecer extraño, hay muchas escuelas de pensamiento —algunas de ellas anteriores al cristianismo— que sostienen que el alma de los animales, tras mil evoluciones, llega a convertirse en el alma de un ser racional. Y en un nivel inferior, podemos ver cómo los minerales son absorbidos por los vegetales y cómo a su vez estos son absorbidos por los animales, formando todos ellos, junto con el hombre, una escala ininterrumpida de vida atómica, molecular, celular, psíquica y espiritual.

Cuál puede ser el próximo peldaño para el hombre, tras su vida en este planeta, no podemos decirlo con seguridad. Los defensores de la reencarnación nos aseguran que volveremos a aparecer en la Tierra en épocas futuras y en otras circunstancias, y los que no aceptan estas doctrinas nos dicen que nuestra alma, despojada del cuerpo, pasa a un estado ulterior en el que gozará y padecerá las consecuencias de sus actos en esta vida. Sea lo que sea, casi toda la humanidad está segura de que a la hora de la muerte lo único que se interrumpe es la vida protoplásmica, pero la esencia de nuestro ser —nuestro espíritu inteligente— pasa a otro nivel de existencia o a otra dimensión en la que seguiremos viviendo de una manera más consciente.

SERES EXTRAHUMANOS

Pero volvamos a lo que nos interesa especialmente en este capítulo, que es la descripción de las cualidades de estos seres a los que llamamos «los dioses». Si apenas podemos saber nada de los otros peldaños que constituyen la escalera cósmica a la que nosotros pertenecemos, menos podemos saber aún de los peldaños de aquella a la que pertenecen los dioses.

Sin embargo, algo podemos columbrar si mantenemos abierta nuestra inteligencia y no nos dejamos convencer por lo que nos dicen las enseñanzas dogmáticas de la ciencia o de la religión. Y aquí entraremos, aunque solo sea de pasada, en un terreno que, si bien para algunos resultará totalmente irreal, para una mente despierta y que analice profundamente los hechos resultará, por el contrario, tremendamente interesante y clave para entender muchas cosas ignoradas del universo.

Nos referimos a la existencia de otras criaturas no humanas, inferiores en rango y en poderes a los dioses de los que venimos hablando. Nos referimos a la existencia de «elementales», duendes, gnomos, elfos, espíritus y toda suerte de entidades legendarias que tanto hacen sonreír a los científicos y que tanto incomodan a los religiosos: a los primeros, porque tales entidades no quieren someterse a sus pruebas de laboratorio y actúan de una manera completamente independiente de las leyes que ellos han establecido para la naturaleza (!), y a los segundos, porque les rompe todo su tinglado dogmático, dejando un poco en paños menores algunas de sus creencias fundamentales. (No incluimos entre estos seres a las clásicas hadas, porque esta ha sido en muchísimas ocasiones la apariencia que los dioses han adoptado para manifestarse. Las miles de apariciones marianas —sin excepción— no han sido otra cosa que manifestaciones de hadas, pero en un contexto cristiano).

Lo cierto es que, nos guste o no, la humanidad ha creído siempre —y sigue creyendo— que existen ciertos seres misteriosos, con un cierto grado de inteligencia y con muy diversas apariencias y actuaciones, que en determinadas circunstancias se manifiestan a los hombres. Una prueba circunstancial de la existencia (aunque solo sea temporal) de estas misteriosas entidades es el indiscutible hecho de que en todas las razas, en todas las culturas, en todas las épocas, en el seno de todas las religiones y en todos los continentes, los hombres han acuñado siempre una variadísima cantidad de nombres para designar las diversas clases de entidades con las que sus asombrados ojos se encontraban en las espesuras de los bosques, en las revueltas de los caminos, en lo alto de algún arbusto, junto a una fuente, en medio del mar o invadiendo la intimidad de sus hogares.

Muchos idiomas de tribus primitivas carecen casi por completo de nombres y verbos abstractos, pero sin excepción son ricos en términos para designar a los diversos tipos de estas entidades con las que tienen más facilidad de encontrarse debido al primitivo sistema de vida y a los apartados lugares en los que de ordinario habitan. Es sumamente extraño que todos los pueblos por igual tengan tantas maneras de designar algo que no existe.

Estas entidades procedentes de otras dimensiones o planos de existencia pertenecen también a otras escalas cósmicas diferentes de la humana; es decir, su evolución y ascensión hacia mayores grados de inteligencia se hace por caminos diferentes, aunque en cierta manera paralelos a los de los hombres. Y esta es posiblemente la razón de por qué en algunas ocasiones hay una cierta tangencia de sus vidas con nuestro mundo y de las nuestras con el suyo. Las visiones de H. P. Blavatsky pueden muy bien ser —entre muchísimas otras— un ejemplo de esto último.

Podríamos llenar muchas páginas acerca de la existencia de estos misteriosos seres, pero esto nos llevaría muy lejos. Únicamente queremos dejar en la mente del lector la idea de que todo este tema es mucho más profundo de lo que la gente piensa, y por supuesto, mucho más real de lo que la ciencia cree.

(Tengo en mi poder grabaciones hechas por mí en el sureste de la República Mexicana —donde abundan este tipo de entidades a las que allí se les suele llamar «chaneques» y «aluches»— en las que tímidas niñas campesinas me narran con toda ingenuidad cómo podían ver todas las noches a seres de no más de un palmo de altura divertirse enormemente en el pilón situado en la parte trasera del solar de su casa. Su gran diversión consistía en jugar y hacer ruido con la vajilla de la casa que allí estaba para ser lavada por una de las niñas. Las criaturas aparecían y desaparecían por la atarjea por donde se sumían las aguas del pilón. Y tengo que confesarle al lector que en alguna ocasión mi vida estuvo en peligro debido a otras investigaciones y excursiones que hice en esta misma región con la intención de observar de cerca a estos escurridizos personajes).

¿Superiores en sus valores morales?

Volvamos a nuestros dioses. Cuando en páginas anteriores decíamos que eran unos seres que estaban (dentro de su escala evolutiva) en peldaños superiores o más elevados que los que los hombres ocupamos en nuestra escala, no queríamos decir precisamente que sean absolutamente superiores en todo a nosotros. Indudablemente lo son en algunas manifestaciones de inteligencia y de fuerza o de poder; pero los valores en los seres vivos son muchos y muy diversos, aparte de que muy probablemente varían mucho de una escala cósmica a otra, habiendo valores que solo existen o solo son aplicables dentro de una determinada escala, siendo totalmente desconocidos y hasta absolutamente incomprensibles dentro de otras.

Para comprender esto mejor, podemos fijarnos en algo que tenemos constantemente delante de nosotros. Muchos de nuestros valores morales, a los que muy frecuentemente les atribuimos una absoluta universalidad, no la tienen, y de hecho nosotros mismos nos encargamos de no aplicarlos en nuestras relaciones con los animales. Esos valores o normas morales tienen solo validez a nivel humano y no tenemos inconveniente alguno en prescindir de ellos en cuanto se trata de criaturas o seres que no están en nuestro mismo nivel. Cuando nace un becerro lo castramos, lo ponemos a tirar toda la vida de un arado y luego como premio lo matamos y nos lo comemos. Todas estas acciones serían horribles si se las hiciésemos a un ser humano, pero las vemos como algo completamente natural porque se trata de un animal.

El hecho de que «se trata de un animal» nos aquieta por completo en cuanto a cualquier remordimiento que pudiésemos tener. Y eso que se trata de un ser cuya vida es tan parecida a la nuestra, incluso en los «sentimientos» que la vaca madre demuestra tener hacia su recién nacido. (Sin embargo, hay que hacer notar que no todas las religiones son tan desaprensivas hacia la vida no humana como lo es la religión cristiana. En algunas de ellas —como por ejemplo en el jainismo de la India—, el respeto hacia todo lo que vive es uno de los mandamientos fundamentales).

Si nosotros claramente no aplicamos algunos de nuestros principios morales y jurídicos a aquellos seres que no son de nuestro mismo rango humano, no tendremos que extrañarnos de que otros seres no humanos, y que por añadidura aparentan ser más fuertes y más avanzados que nosotros, no apliquen en su trato con nosotros ciertos principios que muy probablemente usan entre ellos.

Y no hará falta decir que entre nosotros y los animales hay una diferencia esencial que no existe entre estos seres «superiores» y nosotros; es decir, los animales no pertenecen al mundo de los seres inteligentes, mientras que nosotros sí. Ya dijimos antes que los animales, si no tienen una inteligencia igual que la nuestra, tienen, por su parte, algún tipo de inteligencia con la que en muchos casos hacen cosas que nosotros no podemos hacer por mucho que lo intentemos. Y sin embargo puede ser que en determinados casos sea mayor la diferencia que hay entre nuestra inteligencia y la de los dioses que entre la nuestra y la de los animales. Por ejemplo vemos que la fiereza y el valor con que una hembra animal defiende a sus crías es en todo semejante a la que puede mostrar en determinados momentos una mujer, demostrándonos con ello que sus sentimientos hacia su prole se parecen muchísimo a los nuestros. Y a pesar de ello no tenemos ningún inconveniente en separar a la cría de su madre, y aun matarla si nos conviene.

Todo esto ha sido traído a colación a propósito de nuestra afirmación en páginas anteriores de que los dioses eran «superiores» a nosotros. Naturalmente, quien conozca bien la manera de actuar de los dioses se quedaría asombrado ante esta afirmación de su superioridad, ya que como veremos enseguida, los dioses, en muchísimas ocasiones —por no decir en todas—, no se portan nada bien con nosotros y hasta se puede decir que cometen tremendas injusticias.

La palabra «superior», por lo tanto, no hay que entenderla de una manera absoluta sino relativa. Superiores en conocimientos, en poderes físicos y psicológicos, etc., pero no precisamente en bondad o en otros valores morales vigentes entre los hombres. Indudablemente ellos tienen también patrones y criterios de bondad y maldad, de belleza y fealdad, etc., pero no son precisamente iguales a los que rigen entre nosotros.

Y aparte de esto, seguramente también entre ellos hay quienes se atienen a tales principios y quienes no se atienen y los violan, demostrándonos con ello que no son tan absolutamente «superiores» a nosotros como a primera vista pudiera parecer, y que fundamentalmente son, como nosotros, unas criaturas en evolución y consecuentemente muy lejos de haber logrado la absoluta perfección.

Resumen de sus cualidades

Antes de entrar en el tema de cuáles pueden ser estas leyes de la evolución que nos obligan tanto a los dioses como a los humanos, y que tanto ellos como nosotros podemos cumplir o violar, resumamos las cualidades y defectos más importantes de estas escurridizas criaturas que desde los más remotos tiempos dan la impresión de estar jugando al escondite con la humanidad:

❖ Son inteligentes, a juzgar por muchas de sus actuaciones; es decir, se dan cuenta del mundo que los rodea y reaccionan a él conforme a las diversas circunstancias. Sin embargo, en muchas ocasiones no reaccionan como nosotros lo haríamos, diciéndonos con esto que su inteligencia debe ser en algún aspecto diferente a la nuestra. (Nos damos cuenta de que la mera palabra «inteligencia» encierra en sí todo un mundo de aspectos, variantes y posibles explicaciones que hacen todavía más difícil calibrar hasta qué punto la inteligencia de los dioses es parecida a la nuestra y hasta qué punto ellos son «inteligentes»).

❖ Si hemos de juzgar por nuestros patrones, en muchas ocasiones la inteligencia de estos seres aparenta ser mucho más avanzada que la nuestra. Sin ir más lejos, los aparatos en que a veces se dejan ver realizan unas maniobras y tienen unos sistemas de propulsión que superan totalmente los que nuestra más avanzada técnica ha logrado.

❖ Conocen y usan mucho mejor que nosotros las leyes de la naturaleza; no solo las que nosotros conocemos, sino otras que desconocemos, y por eso sus acciones a veces nos parecen milagros y en la antigüedad eran lógicamente atribuidas a «los dioses».

❖ Entre las leyes físicas que ellos conocen están algunas que los capacitan para hacerse visibles o invisibles a nuestros ojos y, más generalmente, perceptibles o imperceptibles a nuestros sentidos y aun a los aparatos con los que potenciamos nuestros sentidos.

❖ Son enormemente psíquicos, teniendo una gran facilidad para interferir en los procesos fisiológicos y eléctricos de nuestro cerebro, logrando de esta manera distorsionar a su voluntad nuestras ideas y sentimientos.

❖ No están como nosotros aprisionados en la materia, o más específicamente, en una materia como la nuestra; en ellos lo psíquico y lo espiritual (que no hay que confundir con lo «moralmente bueno») tiene una gran primacía sobre lo material que también constituye su ser.

❖ Acerca de su origen es una infantilidad humana ponerse a decir que «son de aquí» o «son de allá»; no son de ningún sitio y son de todas partes. Lo primero que tendríamos que hacer es una gran distinción entre ellos mismos, ya que entre ellos hay muchas más distinciones de las que podemos encontrar entre los humanos. Algunos parece ser que desarrollan sus actividades permanentemente en nuestro planeta e incluso que no salen nunca de él, considerando este su planeta y considerándose como los principales habitantes del mismo, al igual que lo hacemos los humanos, con la gran diferencia de que ellos saben de nuestra existencia y nosotros no sabemos de la suya. Otros, sin embargo, parece que tienen facilidad para moverse por el espacio exterior y no sería raro que desarrollasen también sus misteriosas actividades en otros planetas o lugares del cosmos. Acerca de esto es muy difícil saber nada con certeza, aunque ya vamos estando seguros de que las informaciones que en este sentido han proporcionado ellos mismos en muchas ocasiones a diversos mortales no son nada de fiar. Más adelante veremos por qué mienten o por qué no entendemos lo que nos dicen.

❖ Como apunté en el párrafo anterior, hay grandes diferencias entre ellos en todos los aspectos: en cuanto a su posible origen, en cuanto a sus poderes o capacidades, en cuanto a su «bondad» o «maldad» en relación a nosotros, etc. Creo que podemos llegar a la conclusión de que, al igual que entre los hombres, hay entre ellos grandes enemistades y también grupos afines[7]. Pero esta «bondad» o «maldad» y esta aparente enemistad o afecto que con frecuencia algunos de ellos demuestran hacia los hombres es muy probablemente algo completamente relativo, pudiendo variar de acuerdo a muy diversas circunstancias. (Un ser humano puede también ser bueno con unas personas y malo con otras, y puede ser bueno con una persona por la mañana y ser malo con la misma persona por la tarde).

❖ Aparentemente hay entre «su mundo» y «nuestro mundo» o, dicho de otra manera, entre su dimensión y nuestra dimensión, o entre su nivel de existencia y el nuestro, ciertas diferencias y ciertas barreras de tipo físico que aunque ellos logran salvar, sin embargo, no les permiten estar en nuestro medio y desarrollar sus actividades con facilidad o con la naturalidad con que lo haría un ser humano, siendo esto también causa de que en muchas ocasiones su modo de actuar sea extraño e incomprensible para nosotros.

❖ Una de estas barreras es nuestro tiempo, al que parece que les es difícil acomodarse y hasta comprender. En

---

7 Algo que podrá corroborar lo que estamos diciendo fue el suceso ocurrido en 1978 en las afueras de Bogotá y del que fueron testigos los miembros de una familia que regresaban a la capital. Según la persona que me narró los hechos, dos ovnis estuvieron enfrascados en una feroz batalla contra un tercero durante unos cinco minutos. Los dos atacantes perseguían al otro a una velocidad vertiginosa, dando unos inverosímiles quiebros en el aire, de la misma manera que dos moscas se persiguen, haciendo unas maniobras totalmente imposibles para nuestros aparatos más modernos. Además se veía claramente que de los dos aparatos salían una especie de balas luminosas hacia el otro ovni, muy parecidas a las que vemos en los juegos electrónicos hoy tan en boga. (Sin embargo, es muy posible que todo el suceso no haya sido más que un espectáculo de puro teatro para hacernos creer que estaban peleando).

ocasiones, cuando han tenido que acomodarse estrictamente a nuestro horario, su puntualidad o su conducta han sido completamente erráticas.

❖ No son inmortales (aunque los griegos y romanos gustaban de llamarles así) en el sentido que nosotros solemos darle a esta palabra. Juzgando por nuestros patrones de tiempo, parece que su permanencia en su nivel de existencia es mucho más extensa que la nuestra en esta etapa terráquea. Pero parece que llegado un momento «mueren» o abandonan el estado de «dioses», por mucho que en él hayan permanecido. Esto es posiblemente debido a una ley general del cosmos de la que hablaremos más adelante.

❖ Algunos de ellos tienen tendencia a escoger individuos humanos para protegerlos y ayudarlos de muy diversas maneras o también para ensañarse con ellos haciéndoles la vida imposible, no parando muchas veces hasta que los aniquilan. De la misma manera, grupos de ellos —comandados por un jefe— suelen escoger a grupos de humanos (tribus, razas, naciones), «protegiéndolos» de muchas maneras; aunque esa protección, como más adelante veremos, se nos haga muy sospechosa, porque más que protección se trata de un uso que ellos hacen del ser humano. A veces un mejor uso conlleva una real protección o ayuda, mientras que en otras ocasiones solo destruyendo o perjudicando al individuo o pueblo se puede conseguir lo que de él se quiere, y en ese caso no tienen inconveniente en hacerlo. Obran exactamente igual que nosotros con los animales: sea que los ayudemos o que los destruyamos, es siempre para usarlos en una u otra forma. (Generalmente quien tiene un perro en su casa no lo tiene primordialmente por amor al perro, sino por amor a sí mismo; porque *le gusta* a él o a alguien de su familia tener un perro).

Hasta aquí algunas de las cualidades que vemos en los dioses. Indudablemente, su personalidad y su íntimo psiquismo deben tener muchos otros aspectos y profundidades que escapan por completo a nuestra mirada y que son totalmente ininteligibles por nuestra mente. Lo mismo que las profundidades del alma humana escapan por completo a la rudimentaria inteligencia de los animales, por más que estos sean capaces en algunas circunstancias de adivinar nuestros deseos y hasta de comprenderlos.

Leyes del cosmos

Veamos ahora algunas de las leyes generales del cosmos a las que tanto nosotros como los dioses —y por supuesto las criaturas inferiores a nosotros— estamos sometidos:

❖ Hay un perpetuo movimiento y cambio; nada en el cosmos está quieto. En el pedrusco «muerto» y aparentemente inerte, todo está en movimiento, un movimiento vertiginoso de trillones de partículas con un orden pasmoso. Y lo mismo que el electrón se mueve incansable alrededor de su núcleo en la entraña de la piedra, y que las galaxias desmelenan en los abismos siderales sus espirales como ingentes cabelleras, las ideas y los «sentimientos» del reino del espíritu también cambian sin cesar con un movimiento que no necesita espacio ni tiempo. En el cosmos todo se renueva constantemente.

❖ Este movimiento, considerado en conjunto, tiene una tendencia ascendente, aunque no precisamente en un sentido geográfico o geométrico. Es una tendencia de lo que infantilmente llamamos material hacia lo que, también infantilmente, llamamos espiritual; de lo menos inteligente hacia lo más inteligente; de lo pequeño, imperfecto y débil, a lo grande, perfecto y fuerte. Cuando el ser ha llegado en su evolución a la etapa consciente o inteligente, parece que esta ascensión tiene que ser voluntaria, y que no hacerla suponga algún retraso o acaso conlleve alguna clase de sanción.

❖ Este movimiento no es siempre uniforme o de una ascensión constante, sino que más bien parece realizarse —por lo menos en muchas ocasiones— en escalas, por etapas o por impulsos. Considerado desde otro punto de vista, se podría decir que es un movimiento ondulante o en espiral, en el que a períodos de máximo avance se siguen otros de calma y hasta de aparente retroceso. Esta podría ser la explicación de la muerte de todo aquello que vive. Considerada por el individuo desde dentro de la etapa vital que esté viviendo, la muerte le parece algo malo; pero considerada desde fuera, la muerte no es más que el fin de una etapa en la existencia de ese individuo y el paso a una etapa superior (en caso de que ese individuo haya cumplido con la ley enunciada anteriormente de ascensión o evolución). Considerada en el conjunto de todo el cosmos, la muerte es solo un síntoma del constante latir de la vida en todo el universo.

❖ Digamos por fin que entre las diversas escalas y entre las distintas etapas de una misma escala hay unas fronteras bien definidas. Por lo general parece que existe una prohibición de transgredir esas fronteras, sobre todo entre criaturas pertenecientes a escalas diferentes. Entre las criaturas pertenecientes a niveles o peldaños diferentes (pero dentro de una misma escala), parece que esa prohibición se limita solo a ciertos actos de destrucción o abuso irracional.

Esta prohibición de transgredir fronteras podría ser la causa de lo mal visto que está en casi todas las religiones y en escuelas de pensamiento que no se consideran religiones (como son el espiritismo y la teosofía) el suicidio, ya que este es una salida violenta y antinatural de la etapa que en ese momento de la existencia le ha sido asignada a alguien por la inteligencia que rige el orden del universo.

Para que el lector vea que estas ideas no son tan extrañas ni del todo ajenas a otros investigadores del «más allá», le aportaré el testimonio de un autor, John Baines, al que más tarde volveré a citar, ya que después de escrito mi libro me he encontrado con que el suyo *Los brujos hablan (segunda parte)* tiene unas ideas completamente paralelas a las mías, aunque él haya llegado a las mismas conclusiones partiendo de puntos completamente diferentes:

> ... ciertos seres que se encuentran en una escala evolutiva mucho más alta que el ser humano, verdaderos dioses del espacio, que se aprovechan del esfuerzo humano pero que, a la vez, cumplen ciertas funciones cósmicas, es decir, ocupan un importante puesto en la economía universal. Ya los hemos mencionado anteriormente llamándolos los *Arcontes del destino*. También podríamos referirnos a ellos como los

Dioses del zodíaco, ya que son los que dirigen y regulan la existencia humana en este planeta...

Los *Arcontes del destino* son seres temibles, no porque sean malos, sino por su severidad fría e inexorable en la manipulación del *sapiens* (hombre)...

Estos jueces ocultos provocan, por ejemplo, sin piedad alguna en sus corazones, una guerra mundial en la cual mueren millones de personas. Para ellos estos difuntos no tienen más valor que el asignado por el *sapiens* a los miles de animales que sacrifica diariamente para alimentarse.

Más tarde volveremos a encontrarnos con estos inquietantes *Arcontes*, señores del misterioso mundo que nos describe John Baines, y veremos que no discrepan casi nada de nuestros dioses.

CÓMO SE MANIFIESTAN
LOS DIOSES

Pero ¿de verdad se manifiestan? Porque la pregunta que más frecuentemente se escucha es: «¿Por qué no se manifiestan?».

No se manifiestan de la manera como los hombres quisiéramos que se manifestasen simplemente porque no les interesa. Se manifiestan, en cambio, de otras sutiles maneras con las que por una parte consiguen lo que quieren de nosotros y por otra nos permiten seguir pensando que nosotros somos los reyes del planeta.

¿Cuáles son sus maneras de manifestarse? Lo hacen directamente de dos maneras muy diferentes: se manifiestan públicamente a pueblos enteros o a grupos más o menos numerosos de seres humanos, y se manifiestan privada e íntimamente a determinados individuos, causando en ellos un gran impacto psíquico y haciendo normalmente que sus vidas cambien por completo desde el momento en que tiene lugar la manifestación o el «encuentro» con el dios.

Manifestaciones privadas

Comenzaremos por examinar esta manifestación personal e íntima, que precisamente por tener estas características pasa la mayor parte de las veces inadvertida, no solo para la sociedad, sino hasta para las mismas personas del entorno del que la experimenta.

Esta manifestación puede tener muchos grados, siendo difícil de disimular por parte del individuo, cuando es avasallado y vehemente, de modo que la persona se ve completamente inundada por la presencia del ser extrahumano. Pero en muchos casos, la presencia del dios se hace sentir de una manera más suave y gradual, de modo que el individuo puede fácilmente disimular lo que le está pasando.

Y al hablar así estamos ya tratando de lleno un viejísimo fenómeno del que la humanidad ha sido testigo —un testigo asombrado— y del que ha dejado testimonio impreso en todas las historias y literaturas, incluidos los primeros petroglifos de los que tenemos conocimiento. Se trata del fenómeno de las apariciones, cuando son visibles, o iluminación, cuando esta sucede en la interioridad del individuo.

Apariciones

Las apariciones son un fenómeno que por más que algunos lo cataloguen como algo puramente subjetivo está presente en todas las religiones, incluida la religión cristiana; y no solo en las religiones, sino en las tradiciones de todos los pueblos del orbe. A estas alturas sería totalmente pueril pensar que solo son verdaderas las apariciones que se dan dentro de la religión cristiana, como sería igualmente ingenuo el pensar que todas las apariciones que nos presenta la Iglesia como auténticas sucedieron realmente tal como las explica.

En todo este fenómeno, considerado de una manera global, siempre ha jugado un papel muy importante el psiquismo desajustado de muchas personas. Pero de lo que no se puede tener duda alguna es de que en todas las épocas ha habido personas dignas de toda credibilidad que han asegurado —muchas veces con detrimento de su fama y hasta con peligro para sus vidas— que se les había aparecido tal o cual entidad luminosa, encima de algún árbol o fuente, y que dicha entidad les había comunicado un mensaje.

De ninguna manera quiero convertir este capítulo en un tratado exhaustivo acerca de las apariciones religiosas o extrarreligiosas, pero no tengo más remedio, si quiero dar algún fundamento a la manifestación de los dioses entre nosotros, que señalar algunas de las peculiaridades o de los tópicos de estas apariciones de seres extrahumanos. Si el lector ha leído historias o vidas de santos (y no precisamente de tiempos remotos sino contemporáneos a nosotros, como son San Juan Bosco, San Antonio María Claret, el Padre Pío, o sucesos como los de Fátima o Garabandal), habrá podido ver muchas de estas peculiaridades, admitidas y bendecidas por las autoridades eclesiásticas, que no solo no tienen dudas sobre su autenticidad sino que además las usan para convencer a los fieles de la verdad de la doctrina que ellos predican. Y como detalle de enorme importancia, podemos añadir que estos mismos hechos, con idénticas peculiaridades, se dan en todas las demás religiones en las que vemos a sus santos varones visitados por Dios o por sus mensajeros, como quiera que las múltiples religiones en las que la humanidad está dividida los llamen.

Muchos de estos videntes no solo ven, sino que también oyen, palpan y perciben olores de los misteriosos visitantes.

A veces incluso reciben, salidos de la nada, objetos que les son entregados. Como algo sospechoso, tendremos que añadir que, con mucha frecuencia, ciertos detalles a primera vista insignificantes se repiten en apariciones de muy diverso tipo: videntes orando o al menos retirados, ensimismados, en un estado de semisomnolencia, tumbados en la cama o recostados en el campo; la visión ha tenido lugar en una cueva, cerca del agua o encima de algún arbusto, apareciéndose el ser repetidamente y en fechas periódicas previamente fijadas.

Parece que todos estos «detalles» predisponen las mentes de los videntes y las sintonizan con la frecuencia en que operan las respectivas apariciones, facilitando así la visión y la comunicación.

Iluminaciones

Aunque podríamos extendernos muchísimo describiendo este misterioso e interesantísimo fenómeno de las apariciones, como ya lo hemos tratado más a fondo en mi libro *Visionarios, místicos y contactos extraterrestres*, preferimos detenernos más en otra de las maneras privadas que los dioses tienen de manifestar la llamada «iluminación».

Si bien es cierto que en la mayoría de los casos en que hay una aparición, esta va acompañada de una iluminación o ilustración de la mente del vidente, sin embargo en muchas ocasiones no así, ocurriendo la iluminación sin que haya tenido lugar aparición alguna. Como ya apuntamos antes, la iluminación puede ser repentina o puede ser progresiva. En las iluminaciones repentinas el sujeto se siente súbitamente inundado por una felicidad que empapa, no solo el espíritu, sino que lo cala hasta los rincones más profundos de su cuerpo; y junto con ese sentido de felicidad inefable, el ser humano siente su mente y su inteligencia repentinamente agrandada con conocimientos que nunca antes había tenido y de los que ahora se siente seguro.

Naturalmente, el individuo relaciona lo que está sintiendo por dentro con lo que está viendo; y siendo tan arrebatadora la experiencia por la que está pasando, no puede menos que relacionarla con Dios o con algo que procede muy directamente de Dios. Ante tanta felicidad y tanto asombro, la capacidad crítica del vidente se hace nula, y ni por un momento duda de que aquello que tiene delante, que es capaz de causar en él tal transformación, no sea algo divino o Dios mismo.

Si alguien quiere estudiar a fondo todo este fenómeno, debería leer a un autor clásico en estas materias que por desgracia es muy poco conocido en el mundo hispano parlante. Se trata de William James, uno de los padres de la moderna psicología, quien en su libro *Las variedades de la experiencia religiosa* hace desapasionadamente y de una forma objetiva y magistral un análisis exhaustivo de todo este fenómeno, al que relaciona con el misticismo cristiano, la llamada «santidad», los estados de trance, etc.

James, a pesar de no proceder del campo religioso y de dictar sus clases en una universidad laica, no duda de la realidad de las transformaciones instantáneas de muchos de estos iluminados —algunos de los cuales eran amigos suyos y miembros de la nobleza inglesa— y en lugar de negarse a oír o de recibir las informaciones con la sonrisita con que lo hacen muchos de los autollamados «científicos», investigó a fondo durante muchos años todos estos estados alterados de conciencia, llegando a conclusiones interesantísimas que es lástima desconozcan la mayoría de los teólogos y autoridades eclesiásticas.

El fenómeno psicológico de la iluminación estaba en tiempos pasados muy relacionado con la conversión religiosa, y estaba muy condicionado a la presencia o a las prédicas de algún gran predicador o santo. Hechos de esta clase abundan en las vidas de todos los santos y no dudamos por un momento de que en realidad haya sido así. No solo los admitimos, sino que los extendemos a ámbitos y circunstancias ajenas a lo religioso, aunque entonces reciban otros nombres.

En la actualidad este proceso de iluminación se sigue dando, pero en una sociedad mucho más secularizada e independiente de la influencia religiosa ya no está tan íntimamente relacionado con creencias teológicas y sí más con ideologías esotéricas y filosofías orientales panteístas o cósmicas. Eso sí, hay que admitir que todavía —sobre todo en algunas sectas protestantes— el fenómeno de la iluminación está completamente entremezclado con lo religioso, recibiendo entonces el nombre de «conversión», «bautismo del Espíritu Santo» o «nuevo nacimiento».

En la actualidad, en las personas de una mentalidad liberal o agnóstica pero con un grado alto de cultura y dotadas de una gran sensibilidad hacia la naturaleza (y en especial entre aquellas influenciadas por las filosofías orientales y entre practicantes de algún tipo de meditación de acuerdo con estas filosofías), cuando se da el fenómeno de la iluminación, este no suele tener las connotaciones religiosas que son frecuentes entre las personas menos cultas, y no suele impulsar al individuo hacia una corroboración o admisión de tales creencias que le haga identificar la experiencia con algo «divino», «religioso» o «sobrenatural».

Por lo general, el individuo de estas características que experimenta la iluminación, si ve alguna entidad luminosa no suele identificarla tan fácilmente con Jesucristo o con algún personaje de la teología cristiana; y en cuanto a la paz y felicidad interna de que igualmente se siente inundado, las atribuye más bien a una comunión con el cosmos o con la Gran Inteligencia difusa en todo el universo, a la que no tendrá inconveniente en identificar en último término con la Primera Causa. Pero en el fondo, tanto los hechos externos al sujeto como el mecanismo psicosomático envuelto en todo el proceso son exactamente los mismos, sea que se den en el ambiente religioso o fuera de él, y lo mismo da que ocurran en seno del cristianismo o en cualquiera de las otras religiones. La iluminación, a fin de cuentas, es un fenómeno trascendente porque el ser humano salta —involuntariamente— la barrera hacia otras dimensiones o niveles de existencia. En realidad es forzado a saltar, sin que le quede otra alternativa, ante lo que se presenta frente a sus asombrados ojos.

Entre los místicos católicos nos encontramos con algunos de ellos que se resistían con todas sus fuerzas a esta invasión (aunque creyesen que provenía de Dios) de sus mentes; pero al mismo tiempo nos encontramos con que Dios acababa siempre por vencer esta resistencia y adueñarse por completo del alma del místico.

En realidad este es el motivo y el fin de todo este fenómeno: la posesión del alma del vidente. En la teología cristiana, cuando el autor de tal violación es «el Maligno», entonces no hay inconveniente en llamarle claramente «posesión diabólica»; pero cuando la misma violación es practicada por Dios, entonces se le llama «éxtasis» o «arrobamiento».

Pero no tenemos que olvidarnos de que estamos presentando el fenómeno de la iluminación —no importa el nombre que se le dé— como una de las maneras que los dioses tienen de manifestarse a los hombres. Aunque, como más tarde veremos, esta manifestación no es un acto altruista de ellos para «darse a conocer» o para «ilustrar al hombre», sino que es un acto para dominar al hombre y ponerlo a su servicio; es una auténtica violación de su mente, que condicionan para que más tarde trabaje en las tareas que ellos le asignarán (por supuesto, haciéndole creer que está actuando con una voluntad totalmente libre y en pro de causas nobles, dignas y hasta santas).

La escritura automática

Por ser un fenómeno muy afín a la iluminación y por ser, al mismo tiempo, otra manera privada en que se manifiestan los dioses, diremos algo de la llamada «escritura automática».

Este insidioso fenómeno, tan propenso a hacer fanáticos y que ha tenido y tiene engañadas y esclavizadas a tantas personas, consiste en recibir del «más allá» mensajes y comunicaciones de muy diverso contenido y de una manera específica. Los mensajes a veces son oídos claramente por el humano (que enseguida los pone por escrito), pero más frecuentemente no son oídos sino que es la mano la que los percibe directamente, poniéndose esta en movimiento y escribiendo de una manera automática, sin que la mente sepa qué es lo que la mano escribe.

Ante un fenómeno tan extraño, lo más normal es que el sujeto que lo experimenta crea que ha sido «escogido» y se brinde voluntaria y alegremente a hacer su papel de receptor y de mediador. Pero la triste verdad es que está siendo víctima de un abuso y de una indebida intromisión en sus procesos mentales. Muy probablemente, cuando en el futuro quiera rebelarse contra tal papel de «mediador» o de «receptor», ya le será totalmente imposible y contra su voluntad tendrá que escribir durante horas y horas «mensajes» que lo mismo pueden ser de las más bellas concepciones filosóficas, místicas o poéticas que estar llenos de groserías y necedades sin sentido. También es frecuente que al principio de la experiencia los mensajes que reciben sean positivos, pero a medida que pase el tiempo se vayan haciendo vulgares.

Lo malo de todo ello es que mucha gente pasa automáticamente de la innegable realidad objetiva del fenómeno a atribuirle una bondad y una utilidad que dista mucho de tener.

Una de las cosas que más ata la mente de quienes practican la escritura automática son las «profecías» que mediante ella reciben. Al ver que algunas de ellas (generalmente intrascendentes y sin importancia) se cumplen tal como habían sido predichas, caen en la trampa de creer que otras posteriores y más importantes se van a cumplir de igual manera, cosa que repetidamente se ha comprobado no ser verdad. Estas «profecías» importantes suelen referirse casi sin excepción a grandes catástrofes. Sin embargo, pese a su reiterado incumplimiento, los receptores de estas «profecías» seguirán impertérritos recibiendo «mensajes» en los que se les explica por qué no se cumplió lo vaticinado y para cuándo se ha pospuesto el cataclismo.

Un ejemplo perfecto de lo que estamos diciendo lo tenemos en el autor francés Maurice Chatelain. En su libro *El fin del mundo* podemos ver cómo un científico de primera categoría como él (trabajó muy activamente en la NASA en el proyecto Apolo) cae en la trampa de la escritura automática y nos dice las increíbles cosas que podemos leer en su libro. Junto a su innegable erudición, de la que hace gala en los interesantísimos datos científicos que nos da, tenemos «profecías» como la que nos aseguraba que en el año 1982, si no ocurría el fin del mundo, habría grandes cataclismos. Y en el año 1982 no hubo cataclismos extraordinarios, al igual que no los hubo en 1999 ni en el año 2000 ni en ninguno de los años que Chatelain nos indica. Emmanuel Swedenborg, otro científico de primerísima línea en su tiempo (siglo XVIII), que fue también víctima involuntaria del mismo fenómeno, fue más crítico en sus apreciaciones y nos dejó este inestimable consejo:

> Cuando los espíritus le comienzan a hablar a un hombre, este debe guardarse muy bien de creerles nada de lo que le digan. Porque casi todo lo que dicen son mentiras inventadas por ellos. Cuando hablan de cómo son las cosas de los cielos y de cómo es el universo, dicen tantas mentiras que uno se queda asombrado.

EFECTOS DE LA ILUMINACIÓN

Dejemos para más adelante los fines que los dioses se proponen con estas iluminaciones y ahondemos en cómo se realizan; es decir, cómo ellos logran la difícil tarea de romper la barrera que los separa de nosotros y de conseguir manipular nuestra mente y ponerla a su servicio, y todo sin que nos demos cuenta. En realidad llegan aún a más: han conseguido desde hace ya milenios no solo que no nos demos cuenta de su manipulación sino que las autoridades y poderes constituidos acallen de mil sutiles o violentas maneras las voces de todos aquellos que denuncien tal situación.

Recuerdo que en mis estudios de Teología en la universidad de Comillas, el profesor del tratado «*de Ecclesia*» hacía mucho hincapié en la importancia de la palabra de Cristo «*mazetéusate*», que traducida del griego significa «haceos discípulos», pero en un sentido activo, es decir, «lograd que otros se hagan discípulos vuestros». En la nueva teología de los dioses, esta palabra sigue teniendo una similar importancia. Cuando años más tarde me sumergí en el estudio del fenómeno ovni, me quedé pasmado al constatar la importancia que a esta misma idea —aunque esté enunciada en palabras vernáculas— le asignan los misteriosos visitantes extraterrestres. Tanto ellos, como los que se presentan bajo formas celestiales o sagradas en las apariciones, hacen un tremendo hincapié en hacer grupos y crear discípulos; de hecho, todos los videntes, contactados o iluminados tienen una enorme facilidad para captar adeptos y para convertirlos a su manera de pensar. Esta es una cualidad específica y curiosísima de todos estos tocados por los dioses.

Por ser una cosa a la que atribuyo una gran importancia, voy a detenerme a explicar algo que hasta ahora no he visto nunca suficientemente esclarecido: el mecanismo por el que los iluminados de todos los tiempos han sido capaces de atraer a su causa —por disparatada que esta fuese— a una multitud de adeptos, a los que acaban convirtiendo en fanáticos carentes de criterio alguno.

Cuando un ser humano tiene una aparición real de algún tipo (descarto aquí a toda clase de psicóticos y alucinados, con sus visiones puramente subjetivas), su psiquismo tiene o sufre unas profundas alteraciones, aunque esto no sea visible fácilmente. En realidad, deberíamos decir «cuando un ser humano es víctima de una aparición», por más que crea que quien se le ha aparecido es Dios y por más que haya sentido su ser inundado por la presencia divina. Como dijimos antes, se trata ni más ni menos que de una violación psíquica y en gran parte también física. La alteración más profunda que padece es en su cerebro, y a la larga, los que han sido víctimas de un fenómeno de esa clase suelen terminar sus días bastante desquiciados, cuando no han optado por quitarse la vida o por abandonar por completo a su familia, profesión, etc. Pero en un principio, esta alteración solo se ve en un sentido positivo, es decir, se nota en ellos una ampliación de su inteligencia y cualidades mentales que no poseían antes de la experiencia.

Si poseyésemos aparatos suficientemente sensibles, podríamos percibir en los cerebros de tales individuos unas ondas que no existen en los cerebros de los seres humanos normales. Es de sobra sabido que el cerebro produce diversas clases de ondas eléctricas. Lo que no es tan sabido es que la cantidad de ondas diversas que el cerebro puede producir es muchísimo mayor de lo que los electroencefalógrafos pueden registrar. Los electroencefalógrafos no registran las ondas mediante las cuales el cerebro de una madre —humana o animal— está unida a su recién nacido, ni las que unen a hermanos gemelos univitelinos, por poner solo dos ejemplos que han sido repetidamente verificados en laboratorio. No importa a qué distancia estén situados; cuando el recién nacido o el hermano gemelo sufren alguna fuerte excitación, indefectiblemente el cerebro de su madre o de su hermano lo captarán, aunque sea de manera inconsciente. Las pantallas de los oscilógrafos se encargarán de indicarnos con toda claridad el bajón repentino que el patrón normal de sus ondas sufre en el preciso momento en que ocurre la excitación. Este bajón es una señal inequívoca de que un cerebro está captando las ondas que otro cerebro está emitiendo.

Pues bien, los cerebros de ciertos individuos (a quienes la parapsicología llama «psíquicos», la religión «místicos», el espiritismo «médiums», la ovnilogía «contactos» y nosotros estamos llamando con el término genérico de «iluminados») emiten todos, sin excepción, y de una manera mucho más abundante y fuerte de lo que lo puede hacer una persona normal, un tipo de ondas —con una frecuencia y longitud específica— que tienen poder para alterar de una manera inconsciente todo el mecanismo cerebral de los «discípulos» y seguidores más allegados. Es el mismo fenómeno que sucede cuando a un instrumento eléctrico muy sensible se le hace trabajar cerca de algún aparato con un campo eléctrico grande, o se le hace utilizar una corriente que no tiene el voltaje o el ciclaje específico que ese instrumento requiere. Probablemente el instrumento comenzará a trabajar erráticamente: si es un instrumento para medir, comenzará a dar medidas falsas, y si es un instrumento para reproducir voces, probablemente comenzará a emitir una voz cuyo timbre, tono o entonación será completamente diferente al de la voz original.

Mecanismo para captar discípulos

Esta es, ni más ni menos, la clave para explicarse el porqué de esa innegable y común capacidad de «hacer discípulos» que tienen todos estos visionarios, por más que sus ideas sean absurdas o repugnantes al común sentir de la gente.

El cerebro del «maestro» o del «vidente», cual una poderosa emisora y de una manera totalmente automática e inconsciente, envía al aire sus ondas, que hacen el efecto de un verdadero bombardeo en el cerebro ya condicionado de sus discípulos. Es un bombardeo de tipo físico, a nivel subatómico, al igual que lo son los rayos X o gamma, que acaba por trastornar todo el proceso de cerebración de quien se expone repetidamente a él. En ocasiones el verbo trastornar hay que tomarlo en su acepción más radical, ya que el discípulo acaba totalmente desquiciado; pero en la mayoría de las veces la cosa no llega a tanto y lo único que hacen los discípulos es perder su capacidad de crítica, rindiendo por completo su mente a las doctrinas del «maestro». Casos como el de Charles Manson (asesino de la actriz Sharon Tate) son, además de abundantísimos, una prueba de lo que estamos diciendo.

El proceso físico envuelto es algo muy bien conocido en electrónica: la onda predominante acaba imponiendo su ritmo a todas las más débiles, haciendo que estas vibren en la frecuencia de aquella. Aplicado a nuestro caso, las ondas cerebrales del «maestro» acaban, a la larga, imponiendo su ritmo en los cerebros de los discípulos, haciendo que las ondas de estos entren en sintonía con las del primero, con lo cual sus ideas son admitidas como algo completamente natural.

Si bien es cierto que este proceso es por norma general paulatino, en algunos casos, sobre todo cuando está uno ante un psíquico con una gran capacidad de radiación o de emisión, este proceso puede ser fulminante, logrando conversiones o adhesiones instantáneas, aun antes de haber pronunciado el «maestro» una sola palabra. El cerebro es afectado sin que el individuo se dé cuenta, de una manera parecida a como es afectada la mente mediante los mensajes subliminales. Esto hace que poco a poco el discípulo vaya admitiendo las ideas que le van siendo implantadas por el «maestro» hasta llegar a admitirlas como algo completamente natural y lógico, por disparatado que sea.

A menudo uno se asombra cuando ve a profesionales y a personas inteligentes completamente fanatizadas por sectas y grupos que defienden ideas totalmente indefendibles o, cuando menos, repelentes y antipáticas. Los Testigos de Jehová y el Opus Dei son dos ejemplos que entran de lleno en lo que estamos diciendo.

Contagio psíquico

En cuanto a los Testigos de Jehová, su capacidad de «hacer discípulos» —a pesar de lo antipático y hasta absurdo de sus doctrinas— es algo que debería hacer reflexionar a las jerarquías de la Iglesia. En ellos, al igual que en muchos otros predicadores fanáticos de sectas, está presente el proceso llamado «contagio psíquico» (aparte de otros factores, como son la vaciedad espiritual en que están caídos la mayoría de los cristianos, y la insistente machaconería de los Testigos, que si bien se salvan por apóstoles, van a recibir castigo por pesados).

En el «contagio psíquico» no se requiere la presencia inmediata de un gran «maestro»; el proceso es, tal como su nombre indica, paralelo al contagio de una enfermedad mediante un virus o una bacteria. La onda cerebral impuesta por el gran «maestro» de la secta se ha ido haciendo prevaleciente y común en los cerebros de todos los discípulos, y sigue conservando su eficacia, aunque naturalmente no con la misma fuerza que tenía cuando salió de la mente del «fundador».

Un ejemplo preclaro y trágico de todo este extraño y complejo mecanismo psíquico lo tenemos en el horrible suicidio ocurrido en la Guayana en el año 1979. Uno naturalmente se pregunta: ¿cómo es posible que novecientas personas sean capaces de ingerir veneno solo porque un líder religioso les diga que con ello conseguirán su salvación eterna? Y todavía se asombra uno más cuando se entera de que entre los suicidas hubo varias madres que antes de poner fin a su vida fueron con todo cuidado introduciendo en la boca de sus bebés el veneno letal, hasta que los vieron ya muertos. ¿Qué motivación o idea, en la mente de estas mujeres, fue capaz de sobreimponerse al fuerte instinto materno? La explicación de todo este misterio es únicamente la que señalamos antes: las potentes ondas cerebrales de su desquiciado «maestro» —el reverendo Jones— habían dominado por completo los ritmos cerebrales de sus discípulos y habían hecho posible que estos admitiesen como cosa natural sus aberrantes ideas.

Este fenómeno, si no con la virulencia y la desnudez con que lo vemos en la Guayana, se ha repetido a lo largo de los siglos en innumerables ocasiones. Cada vez que en la historia nos encontramos con un líder de ideas raras (y ha habido innumerables), y a veces no tan raras, seguido de una multitud de incondicionales dispuestos a dar la vida por esas ideas, tenemos que sospechar que estamos ante un fenómeno semejante al que estamos considerando. (Según las creencias de la Hermandad de la Muerte Roja a finales del siglo XIX en Rusia, el mundo iba a terminarse en noviembre de 1900. Como llegada la fecha no pasó nada, decidieron morir en la hoguera. Ni cortos ni perezosos hicieron una gran pira y a ella se arrojaron 862 de sus seguidores. Cuando llegó la policía, más de cien estaban ya completamente carbonizados).

Este fenómeno —cuyas consecuencias son indudablemente sociales, psíquicas, sentimentales y espirituales— es tan físico en sus orígenes que yo les recomiendo a los padres de adolescentes (e incluso a las personas que no tengan una personalidad muy hecha) que no permitan a sus hijos acercarse o estar demasiado en contacto físico con cualquier tipo de líder exaltado que defienda ideas raras. Aunque pueda sonar a algo supersticioso afín a la magia, la proximidad física tiene mucho que ver en este fenómeno. El «iluminado» —sobre todo si lo ha sido de una manera violenta— emite alrededor de sí un «campo» de irradiación que en nada se diferencia de los campos físicos de los que nos habla la física moderna. Y el lector debe saber que hay aparatos usados en las ciencias parafísicas que ya son capaces de registrar dichos «campos».

Las mentes no preparadas corren un serio peligro si se encuentran en la proximidad física de estos potentes emisores, y más aún si han sido previamente condicionadas con propagandas e imágenes de los medios masivos de comunicación. No es de extrañar que en muy breve espacio de tiempo la mente de un joven sea absorbida por el vórtice de las ideas del «maestro», cambiando radicalmente su manera de pensar y, por lo tanto, de actuar.

El hecho de que miles de jóvenes han abandonado sus hogares por seguir a uno de estos iluminados, y han repudiado a sus padres y comenzado a llevar una vida totalmente desquiciada, se ha convertido en un serio problema social contra el que las autoridades han comenzado a tomar medidas en Estados Unidos. Los individuos encargados de rehabilitar a estos jóvenes se llaman desprogramadores, y en poco tiempo han ido surgiendo unas cuantas escuelas para su preparación (aunque tenemos que decir que en algunos casos los métodos de desprogramación son exactamente iguales que los de programación, pero a la inversa; total, que la mente humana es más manipulable de lo que suponemos). Conozco el caso de un psiquiatra veterano y eminente en su profesión que mientras estudiaba en la isla de Trinidad los métodos para entrar en trance y los estados alterados de conciencia de ciertas tribus negras, repentinamente sintió cómo su cerebro comenzaba a experimentar unos cambios extrañísimos, al mismo tiempo que sentía un fuerte impulso para incorporarse a la danza que, acompañada de un monótono canturreo, hacía ya varias horas estaba desarrollándose ante él. A pesar de su veteranía, su cerebro quedó sintonizado con la onda dominante —y totalmente alienadora— que existía en aquel lugar.

Si esto es capaz de lograrse en el cerebro de una persona adulta y de sólidas ideas, imagine el lector lo que podrá pasar en el cerebro de un adolescente o de una persona impresionable. Y en realidad no tenemos que imaginarlo; las escenas que tantas veces hemos visto en el cine y en la televisión de cientos de adolescentes en trance histérico, llorando ante melenudos estridentes que esgrimen una guitarra mientras con los ojos en blanco y con contorsiones de posesos aúllan una canción, son una demostración visible —y desgraciadamente audible— de este fenómeno que estamos analizando.

La música rock, que como una ola ha invadido el mundo capturando las mentes y los gustos de los jóvenes, es también altamente propiciadora de estos estados alterados de conciencia. Sus típicas cualidades (ritmo monótono, volumen ensordecedor, carencia de contenido ideológico y aun sentimental, contorsiones frenéticas, repetición irracional hasta dejar exhaustos a los participantes...) son los mismos elementos que encontramos en los ritos y danzas sagradas de todas las religiones primitivas.

Personalmente tengo que afirmar que en ocasiones, mientras asistía a largas sesiones de los más extraños ritos y creencias, únicamente con el fin de estudiarlos y de observarlos de cerca, he tenido que sacudir fuertemente la cabeza, haciendo al mismo tiempo un acto de autoidentificación, para despejarla de un extraña modorra que comenzaba a invadirla.

Cualidades naturales de la mente

Hasta aquí el mecanismo que nos explica por qué los iluminados hacen con tanta facilidad discípulos; mecanismo que, paradójicamente, podrá en muchas ocasiones explicarnos también el fenómeno contrario, es decir, por qué muchos de ellos encuentran una oposición tan fuerte, que en ocasiones ha terminado con la muerte de ellos y de sus seguidores.

La pregunta que cabe hacerse en este momento es: ¿de dónde les viene a estos individuos esa capacidad de emitir semejantes ondas cerebrales? No tenemos que olvidarnos que muchos de ellos comenzaron a desarrollar todo tipo de cualidades paranormales —además de la capacidad de atraer discípulos— inmediatamente después de tener la visión, el contacto con el ovni, la aparición del dios o la iluminación interior. Cabe por lo tanto deducir que semejante capacidad les fue dada por aquellos —quienesquiera que sean— que se les manifestaron, aunque prescindamos ahora de ahondar en las razones de por qué se la dieron.

Sin embargo, sí habrá que notar que los dioses no son los responsables totales del fenómeno de la irradiación extraordinaria de los cerebros de los iluminados. Todos los hombres tenemos, en mayor o menor grado, la capacidad de emitir unas determinadas ondas que son captables por otros seres humanos e incluso por los animales, tal como ya indicamos anteriormente y tal como la parapsicología ha demostrado en muchas ocasiones y con diferentes experimentos.

Los hombres, sobre todo cuando nuestro cerebro está vibrando a un ritmo aproximado de 10 ciclos por segundo, tenemos esta cualidad y muchas otras, ya que es una asombrosa verdad, hasta ahora muy poco conocida por los hombres, que el cerebro humano, cuando vibra alrededor de los 10 ciclos por segundo, es capaz de influenciar, a nivel subatómico, cualquier materia viviente. En ese estado tiene unas cualidades increíbles, de las que desgraciadamente la mayoría de los hombres no se aprovecha por desconocerlas.

Teniendo esto en cuenta, lo único que los dioses hacen es propiciar ese nivel vibratorio del cerebro (cosa que es bastante fácil de conseguir) y potenciarlo al máximo. Esto, en la mayoría de los casos; pero cuando quieren preparar a algún individuo para una misión mayor o especial, entonces le comunican mediante medios que nos son desconocidos otros poderes con los que les será más fácil atraer a su causa a los asombrados seres humanos. Los grandes taumaturgos (y por supuesto los grandes avatares como Krishna, Buda, Quetzalcóatl, Viracoha o Sai Baba en la actualidad) de todas las religiones son ejemplos de ello.

«Inspiraciones» y «ayudas» a individuos

Comenzamos el capítulo diciendo que los dioses tenían maneras diferentes de manifestarse y las dividimos primeramente en manifestaciones públicas y privadas.

Hasta ahora hemos estado analizando dos maneras privadas y directas de manifestarse: las apariciones —de las que hablamos poco porque ya he tratado este fenómeno en otro libro— y las iluminaciones. Todavía nos queda otra manera privada, aunque más discreta e indirecta, de manifestarse los dioses a los mortales. Estoy hablando de una especie de iluminación, pero con sordina. Podría denominarse «inspiración» o «sugestión», y no tiene características de fenómeno extraordinario en la vida del hombre que recibe la inspiración o la sugestión.

Los dioses, en este caso, utilizan medios mucho más normales y menos violentos para la mente del humano. En realidad, usan los mismos medios que un hombre usaría para tratar que otro hombre actúe de determinada manera; aunque, como es natural, lo hacen de una manera más perfecta y convincente, sin descartar que en ocasiones usen procedimientos subliminales, de los que el hombre no es capaz.

El caso es que escogen a determinados hombres o mujeres (por supuesto sin que ellos se den cuenta, y aquí radica la diferencia fundamental con la iluminación), a los que insuflan o inspiran, a veces de una manera discreta pero constante y a veces de una manera más vívida, alguna idea, sistema o reforma para que ellos, desde sus puestos en la sociedad, la pongan en práctica. A veces los hombres elegidos no tienen aún esos puestos privilegiados en la sociedad, y entonces los mismos dioses, también de una manera discreta y muy «naturalmente», les van abriendo camino para que los logren.

Tal es el caso de muchos políticos, militares, reformadores, escritores, etc., aunque estoy muy lejos de pensar que todos aquellos líderes que la sociedad ha tenido y sigue teniendo deban sus ideas y sus actuaciones en la vida de sus pueblos a «sugerencias» de los dioses. Estoy seguro de que muchos de ellos han llegado a sus ideas y a sus puestos debido únicamente a procesos perfectamente naturales y humanos, sin intervención extrahumana alguna. Sin embargo, no estoy tan seguro de que la historia humana sea tan humana como nosotros creemos, y más ante hechos tan extraños como los que en estos mismos días nos está ofreciendo Israel y los no menos extraños que el pueblo judío nos ha ofrecido en toda su larga historia. Cada vez se arraiga más en mí esta convicción, a la que se le puede aplicar la bíblica frase que Paulo IV dijo ante la constitución de la orden jesuítica que le presentaba San Ignacio de Loyola: «*Dígitus Dei est hic*» (aquí está el dedo de Dios). Pero en el caso de la historia humana, un dios con minúscula y en plural. Y con un dedo muy retorcido.

Manifestaciones públicas

Dijimos al principio del capítulo que los dioses tienen maneras privadas de manifestarse, aunque algunas fuesen indirectas. Analicemos ahora sus maneras públicas de presentarse. Para ello tendremos que recordar lo que sobre esto dijimos en el capítulo primero, cuando hablamos del fenómeno ovni. Porque la verdad es que el fenómeno ovni, considerado en toda su profundidad y no con la infantilidad con que en la mayoría de las veces suele ser considerado, es la manifestación pública más patente y la prueba más concreta de la presencia de los dioses entre nosotros; ahora y en siglos pasados.

El que piense que todo lo que se refiere a los ovnis es una alucinación, etc., está completamente equivocado y, a estas alturas, cuando el fenómeno ha sido investigado a fondo y aireado por todos los medios de comunicación y cuando se han publicado sobre él miles de libros, quienes todavía siguen pidiendo pruebas demuestran tener una cabeza bastante pequeña y bastante cerrada, por muchos títulos académicos que posean.

Otro caso muy diferente es el de los que se niegan a aceptar las explicaciones que se le suelen dar a todo el fenómeno; hablando de una manera general, tienen razón para no aceptarlas.

Estas maneras públicas de manifestarse los dioses son diversas. A veces tienen una apariencia religiosa y en el fondo son lo mismo que las apariciones de las que ya hablamos, aunque ahora nos referimos de una manera especial a aquellas manifestaciones religiosas masivas y públicas, como las de Fátima, con su famoso «milagro del Sol», presenciado por más de cien mil espectadores, y las abundantísimas apariciones de santos, ángeles, vírgenes, y toda suerte de personajes sagrados en todas las religiones, que han tenido y siguen teniendo lugar ante miles de espectadores.

Aunque en cada una de las religiones sus fieles crean que se trata de los personajes que en ellas se presentan, nosotros tenemos sobradas razones para sospechar que no se trata de los personajes que en apariencia se manifiestan, sino de los seres de los que venimos hablando y a los que llamamos dioses, que son las mismas inteligencias que están detrás del fenómeno ovni, que adoptan la forma y la apariencia de las personas santas veneradas en aquella religión o región. A lo largo del libro, el lector irá viendo las razones que nos llevan a pensar así.

En otras ocasiones, las apariciones públicas de los dioses son solo manifestaciones indirectas, aunque de gran envergadura, y tienen más bien apariencia de fenómenos atmosféricos o de meteoros, causas naturales, por ejemplo enormes explosiones en el espacio (para las que ni las autoridades competentes como las Fuerzas Aéreas, ni la ciencia, tienen explicación alguna), grandes incendios, temblores de tierra muy localizados, etc. Se ha llegado a esta certeza porque en no pocas ocasiones se ha podido comprobar, sin lugar a dudas, la relación que había entre estos fenómenos y los objetos volantes no identificados.

Otra manera pública en que se manifiestan los dioses es en forma de viajeros extraterrestres que nos visitan, procedentes de otros lugares del cosmos, a bordo de unas velocísimas naves de forma ordinariamente discoidal y que el pueblo conoce por el nombre de «platillos voladores». Esta es la forma pública más común que tienen de manifestarse en los tiempos modernos y la más aceptada entre los interesados en el fenómeno ovni. Como ya hemos dicho, aunque por las apariencias y según lo que ellos mismos nos dicen son meros visitantes extraterrestres, hemos llegado a la conclusión de que en realidad estos seres —procedan de donde procedan— son los mismos que en la antigüedad se presentaban a todos los pueblos y les decían que ellos eran dioses, exigiéndoles adoración y obediencia.

Por último, también se presentan de una manera pública, haciéndose visibles a un mayor o menor número de personas, bajo la forma de diversos personajes exóticos, tanto bajo apariencias más o menos humanas como en forma animalesca. El folclore de todos los pueblos y de todos los tiempos está lleno de estos personajes pintorescos y misteriosos. Y aquí tengo que confesarle al lector que yo por mucho tiempo rechacé por completo y no admití la existencia real de estos personajes de leyenda, pero hoy estoy totalmente seguro de su realidad; aunque tengamos que añadir que esta no es exactamente igual a la nuestra, sin que por ello digamos que se trata solo de seres producidos por nuestra imaginación. Son seres que tienen una realidad física, aunque las leyes físicas por las que tanto sus cuerpos como sus acciones se rigen sean en buena parte desconocidas por nosotros.

Igualmente tenemos que decir que relacionamos directamente y sin ningún género de dudas a muchos de estos personajes con el fenómeno ovni, porque en muchas ocasiones se los ha visto surgir o de alguna manera proceder de los objetos volantes no identificados.

Ayuda a causas

Cuando digo «causas» me refiero a causas religiosas, patrióticas... En el libro de Faber-Kaiser *Las nubes del engaño* se habla repetidamente de visiones de ejércitos y jinetes en caballos blancos, etc., guerrear en las alturas. Y esto en todas las épocas y en toda la geografía del planeta. La pregunta reiterada y casi malhumorada que Faber-Kaiser se hace es: «¿Por qué demonios...?». Mi contestación a esta pregunta ya la he dado varias veces en este libro: nuestra historia no es tan nuestra como pensamos. A los dioses les gusta inmiscuirse en ella y lo han hecho en infinidad de ocasiones para que las cosas saliesen como ellos querían.

En determinado momento de la historia prefieren una «causa» más que otra y con mayor o menor disimulo la favorecen. A veces se inclinan por la continuación del statu quo —religioso o patriótico— y otras prefieren las revoluciones, teniendo siempre y únicamente en cuenta sus propios intereses.

Sin embargo, no nos olvidemos que entre ellos hay grandes rivalidades, lo cual hace que las «reformas» o los «reformadores» que algunos de ellos lanzan sean a veces despiadadamente aplastados por los humanos que siguen inconscientemente las directrices de otros dioses.

¿Ejemplos de esto? En la Biblia tenemos cantidad de ocasiones en que Yahvé, con rayos o truenos y hasta a pedradas (Josué 10,6-13), derrotaba a los enemigos de Israel. Los guerreros alados de los que repetidamente nos habla Faber-Kaiser son otro ejemplo.

Por otra parte, y según fuentes fidedignas, Franco vio también en el cielo a Santiago Matamoros durante la Guerra Civil, lo que fortaleció grandemente su complejo mesiánico de cruzado, aunque a él no le gustaba hablar del incidente y solo lo comentó con sus íntimos.

Hace años, cuando la imagen de la Virgen de Fátima recorrió España, las misteriosas palomas que la acompañaban hacían increíbles malabarismos místicos. Para los «fatimistas», aquello era una prueba irrefutable de que Dios estaba con ellos. Pero lo que ellos no sabían es que ciertas extrañas palomas, salidas de no se sabe dónde, suelen hacer su aparición en momentos críticos de la historia para dar credibilidad a alguna «causa» que en aquel momento se debate (y que por supuesto es la favorecida por los dioses o por algún dios en particular). Por ejemplo, cuando Fidel Castro bajó de la sierra, una revolucionaria paloma se empecinó en posarse sobre su hombro, dándole visos de cruzada a su alzamiento político y convirtiéndolo a él en una especie de Juan de Arco criollo. La revolución triunfó..., y a los pocos días empezaron los fusilamientos.

No hace mucho estalló el asunto del milagro de los ojos de la Virgen de Guadalupe (México). Resulta que según los métodos más sofisticados, exclusivos de la NASA, en ambas pupilas de la imagen de la Virgen de Guadalupe está reproducida, a una escala infinitesimal, la escena de la presentación del indio Juan Diego ante el arzobispo de México Fray Juan de Zumárraga; es decir, lo mismo que los ojos de la Virgen hubiesen contemplado de haber estado presente en aquella escena.

Según los científicos que han estudiado el asunto, tal cosa es imposible, y por lo tanto absolutamente inexplicable. Pero el hecho está ahí, atestiguado por ellos mismos. La ciencia no tiene explicación, mientras que los mexicanos se derriten de gusto ante la irrefutabilidad del milagro. Pero no deberían estar tan seguros. Para mí el «milagro» no es sino otra ayudita más de los dioses, interesados en que las multitudes sigan apiñándose enfervorizadas en torno a la imagen. Siglos atrás, allí mismo se veneraba a la Madre Tonantzin; hoy la política humana la ha cambiado por la Virgen de Guadalupe. A los dioses les da lo mismo una que otra, lo único que les interesa es la multitud apiñada y enfervorizada, como más tarde veremos. Sobre este tema se podría escribir mucho más, y puede que un día lo haga.

De momento, hasta aquí hemos analizado las diversas maneras que tienen los dioses de manifestarse entre nosotros. Dada su gran inteligencia y su capacidad para manejar tanto la materia como las mentes de los humanos, y dado su positivo deseo de pasar desapercibidos por nosotros, es completamente natural que sus manifestaciones no solo sean muy variadas sino que además sean muy disimuladas, pasando la mayor parte de ellas inadvertidas para los humanos. En realidad, han logrado hacernos creer —y en estos tiempos todavía más que antes— que nosotros somos los únicos dueños y señores de este planeta.

Veamos ahora con qué intenciones se nos manifiestan.

POR QUÉ Y PARA QUÉ
SE MANIFIESTAN

Si tuviéramos de resumir muy brevemente la contestación a las preguntas del título de este capítulo, diríamos que se manifiestan fundamentalmente por *necesidad* —una necesidad bastante relativa— y por puro *placer*.

Sin embargo, estas dos simples palabras tendrán que ser expuestas y analizadas muy detalladamente para que no sean entendidas de una manera errónea. Este será el propósito del presente capítulo, que también podría titularse «Qué buscan los dioses en nuestro mundo».

Nos ayudará mucho en todo este análisis la reflexión acerca de los motivos que los humanos tenemos para interferir en la vida de los animales. Tenemos que ir metiéndonos en la cabeza que la relación entre nosotros y los dioses tiene muchos paralelos con nuestra relación con todo el mundo animal.

Por necesidad

Fundamentalmente, los hombres nos entrometemos en la vida de los animales animados por los mismos motivos que acabo de señalar, por necesidad y por placer. En nuestro caso, la necesidad que de ellos tenemos es mucho más acuciante que la que los dioses tienen de nosotros. Hoy día, a pesar de que nos hemos liberado enormemente de esta necesidad de los animales (sobre todo si nos comparamos con nuestros remotos antepasados y aun con nuestros inmediatos antecesores, para quienes la tracción animal, las pieles, las lanas, etc., eran cosas sin las cuales la vida se les hubiera hecho mucho más difícil, ya que no habían logrado todavía adelantos que hoy tenemos en cuanto a maquinaria y sintéticos), todavía tenemos una enorme dependencia de ellos sobre todo a nivel alimentario. Es una triste y cruel verdad que hasta la humanidad más avanzada depende todavía en la actualidad de una manera radical de los animales. Sencillamente, necesitamos comérnoslos directamente o extraer de ellos grasas, carbohidratos y proteínas para poder subsistir, porque todavía no hemos sido capaces de crear sustitutivos sintéticos en cantidad y calidad ni de desarrollar una agricultura que nos provea de todos estos compuestos alimenticios que necesitamos.

La necesidad que los dioses tienen de nosotros es mucho más relativa y menos perentoria o apremiante que la que nosotros tenemos de los animales. Seguramente pueden subsistir —al menos en su medio ambiente natural— sin necesidad de recurrir a nosotros para nada. Y digo en su medio ambiente natural porque muy bien puede suceder que el esfuerzo de llegar hasta nuestro medio ambiente o de mantenerse en él genere en ellos cierto tipo de necesidades extraordinarias que les haga precisar de algo que hay en nuestro mundo y que ellos no han podido traer consigo desde sus lugares o dimensiones de origen.

Vuelvo a repetir aquí que algunos de ellos no tienen que venir necesariamente de otro lugar del universo y muy bien pueden residir aquí, en nuestro mismo planeta, pero en otra dimensión o nivel de existencia, lo cual sería para nuestros sentidos como no residir en ningún plano de los que nosotros conocemos y habitamos. Sin embargo, aun no viniendo de ningún otro lugar del universo y aun siendo de nuestro mismo planeta, este saltar de su dimensión o nivel al nuestro podría crear en ellos alguna necesidad que tendrían que suplir con algo que nosotros les suministrásemos. Y creo que esa necesidad es más psicológica o espiritual que material, constituyendo al mismo tiempo para ellos un placer satisfacerla.

Como seres inteligentes que son, tienen la misma necesidad que nosotros tenemos de saber y de conocer cada vez más, al igual que un zoólogo se pasa horas y horas observando el comportamiento de determinado animal, únicamente para conocer sus hábitos de conducta, sin ningún interés comercial sobre él. Es el saber por saber; porque el conocimiento es el alimento natural de la inteligencia. Es perfectamente natural que estos seres, una vez que han descubierto nuestra existencia, sientan una urgencia por conocer nuestra manera de actuar, y todavía más nuestra manera de pensar y todos los sentimientos superiores de los que es capaz nuestra alma.

Y no sería nada extraño que en muchas ocasiones provocasen determinadas situaciones para observar nuestras reacciones e incluso para aprender algo de ello. ¿No tenemos nosotros textos de historia natural en los que catalogamos las cualidades y características de todos los seres vivientes que nos rodean, y todo ello solo por el afán de saber? ¿No parece muy lógico que haya seres superiores a nosotros que estén haciendo más o menos lo mismo, estando nosotros tan ajenos a ellos como lo están las hormigas de las prolongadas observaciones que el entomólogo hace sobre sus idas y venidas al hormiguero?

Por placer

Entremos ahora en la consideración del otro motivo de la manifestación de los dioses en nuestras vidas: su placer. Creo que este motivo y finalidad tiene mucha más importancia, por lo menos por nuestra parte, debido a las consecuencias que esto tiene y ha tenido en las vidas de todos los seres humanos que han pasado por este planeta.

Y fíjese el lector que digo «su» placer y no «nuestro» placer, como ingenuamente siguen creyendo todavía tantos aficionados al fenómeno ovni. Y más ingenuamente todavía, los líderes religiosos continúan tragándose la gran mentira de que «ellos» —el dios de cada religión— vienen al mundo para nuestro bien («se encarna para nuestra salvación», o como quiera que se enuncie en cada una de las múltiples «revelaciones» con las que nos han engañado por siglos). Tanto los dioses de los creyentes como los ovnis de los platilleros, lejos de ser un remedio para nuestros problemas, son un problema más; el más grave problema que la humanidad tiene planteado en cuanto a su evolución social y personal.

Volvamos a reflexionar acerca de nuestra conducta con los animales. Nadie puede negar que los animales, aparte de ser utilizados para vestirnos y para nutrirnos, han sido siempre una fuente de placer y de diversión para nosotros. Las peleas de gallos, las corridas de toros, las carreras de galgos y de caballos (y en cuestión de carreras creo que, por pasatiempo, no hay clase de animal al que no hayamos puesto a correr), el tiro de pichón, la cetrería y todas las infinitas modalidades cinegéticas son ejemplos que prueban sin lugar a dudas que el hombre ha usado siempre a los animales para divertirse.

Y hemos de caer en la cuenta de que, aun en los casos violentos —como son las corridas de toros o los safaris africanos, pasando por una cacería de conejos—, el hombre practica estos «deportes» sin tener ni pizca de odio hacia los animales, por más que los destripe con sus rifles y sus perdigonadas. Es por puro placer egoísta. Y como anteriormente dijimos, no siente por estos actos remordimiento alguno, ya que entiende que el mero hecho de ser hombre le da derecho a usar a los animales como le parezca.

Si estos seres que se nos manifiestan en apariciones y en vehículos siderales tienen la misma filosofía que nosotros, entonces vamos a salir muy mal parados; el mero hecho de que ellos son dioses, es decir, una especie de superhombres (al igual que nosotros no somos más que unos superanimales), les dará derecho a usar a los hombres como les venga en gana, privándolos incluso de la vida si ello conviene a sus necesidades o a sus gustos. Y por supuesto, sin que ello signifique que nos odian o que tienen algo contra nosotros, sino simplemente porque pertenecen a otro peldaño superior en una de las muchas escalas cósmicas de las que ya hablamos en otro capítulo.

Lector, prepárese para oír una noticia muy desagradable: esto es ni más ni menos lo que ha estado sucediendo desde que el primer hombre apareció sobre la superficie de la Tierra. Y de paso —y a modo de paréntesis— déjeme decirle que cuando el primer hombre apareció en la superficie del planeta, estos misteriosos y superinteligentes individuos ya andaban por aquí. En primer lugar, porque posiblemente este planeta es más suyo que nuestro, y en segundo lugar, porque muy probablemente el «Adán» o primer hombre de cada una de las razas es una hechura —¿un juego?— de estos *elohim* (que significa «señores»), tal como les llama la Biblia.

Y aunque al hablar de hechura pueda parecer a primera vista que se rompe el paralelo (ya que los animales no han sido creados por el hombre), sin embargo no se rompe, ya que no me refiero a una hechura total o «de la nada», sino a una gran manipulación de aquellas primeras criaturas inteligentes o semiinteligentes. Y nadie negará que el hombre ha manipulado enormemente todas las razas de animales y ha hecho desaparecer muchas de ellas, ha multiplicado desproporcionadamente otras, e incluso ha creado una gran cantidad de especies nuevas y de híbridos.

Al igual que sucedió en todo el reino animal, el primer superanimal llamado «homo sapiens» fue el fruto natural de una evolución programada por una Inteligencia superiorísima que se esconde no solo en el fondo del cosmos sino que está diluidamente presente en todas y cada una de las criaturas del universo, incluida la materia que llamamos muerta.

Pero cuando el primer rudimentario *homo erectus* tuvo posibilidades de convertirse en un *homo sapiens*, hicieron su aparición los dioses. Ellos manipularon racialmente aquella criatura, al igual que nosotros hacemos con los animales. Seguramente no se contentaron con eso, sino que, dado su grado de evolución intelectual, fueron capaces de programarlo genéticamente de modo que a lo largo de las sucesivas generaciones fuese comportándose y evolucionando —o no evolucionando— de la manera que a ellos les convenía (y que no es precisamente la manera que más le conviene a la raza humana).

Más adelante veremos en particular cuáles fueron estas características genéticas, raciales o temperamentales, fruto de esta manipulación de los dioses en los primeros ejemplares de cada raza humana.

Si estas ideas, amigo lector, le parecen raras, prepárese, porque va a encontrarse con otras más extrañas todavía a medida que vayamos profundizando en el tema.

¿QUÉ PLACER?

¿Qué placer pueden sacar los dioses del hombre, aparte de la satisfacción de conocer a otras criaturas inferiores del universo? Ciertamente, el placer que ellos obtienen de nosotros no es tan elemental y burdo como el que nosotros sacamos de los animales.

Pero antes de proseguir, quiero hacerle notar al lector que no debe pensar que nosotros somos algo importante en la vida de los dioses; porque nuestro natural egoísmo —nos han dicho repetidamente que somos los señores de los animales y los reyes de la creación— nos lleva a creer que somos los personajes centrales en este planeta y que aunque ahora resulte que hay otros por encima de nosotros, estos deben estar muy atentos a lo que nosotros hacemos, porque al fin y al cabo nosotros somos los que dominamos la superficie de la Tierra; de hecho, según las enseñanzas de la Iglesia, los ángeles —que es el nombre bíblico de los dioses— están muy pendientes de lo que los hombres hacen. Pero las cosas no son así. Es más, paradójicamente, como más tarde veremos, son los mismos dioses quienes nos han inducido a tener esta falsa creencia de que nosotros somos los dueños del planeta. Y la realidad es completamente diferente. Los hombres, con nuestras grandes carreteras, nuestros aviones, nuestras ciudades, etc., no molestamos a los dioses, ya que ellos no usan nuestro entorno físico. Usando un símil, ellos viven en otro piso de este inmenso condominio que es el planeta.

Millones de bacterias conviven con nosotros —literalmente millones de ellas viven dentro de nosotros— sin que sus vidas interfieran o molesten en lo más mínimo a la nuestra. Su «nivel de existencia» es diferente al nuestro. Pues bien, a los dioses les sucede algo parecido; pero su separación de nosotros es todavía mucho más radical que la de nosotros de las bacterias. Estas viven en nuestra misma dimensión y obedecen casi a las mismas leyes físicas a las que nosotros estamos sujetos. De hecho, si nos lo proponemos —usando un gran microscopio o con otros medios— somos capaces de verlas y captarlas con nuestros sentidos. En cambio estos seres, sin dejar de regirse por ciertas grandes leyes generales del universo por las que nosotros también nos regimos, habitan bajo otras condiciones que no nos afectan a nosotros y que nos son totalmente desconocidas. Cada dimensión del cosmos tiene sus leyes específicas que no se aplican a otras dimensiones, al igual que dentro de una misma dimensión hay muchas leyes que solo se aplican a determinados cuerpos o en determinadas circunstancias. El potente electroimán que es capaz de levantar un camión cargado con diez toneladas de chatarra de hierro no es capaz de levantar ni un milímetro un anillo de oro o de cobre. La Luna, que es capaz de llenar una bahía entera con millones de toneladas de agua de mar, no puede lograr que se derrame ni una sola gota en un vaso totalmente lleno de agua. El cosmos tiene muchas leyes mucho más extrañas y desconocidas de lo que pensamos nosotros los hombres ordinarios y de lo que piensan los científicos que se creen que todo lo inventable ya está inventado.

Resumiremos estos párrafos diciendo que los dioses viven en su dimensión, inalcanzables por nuestros sentidos, sin que por lo general nuestras vidas ni nuestras actividades les molesten y sin que nos consideren los personajes centrales del planeta o alguien a quien hay que tener siempre en cuenta en el momento de tomar alguna gran decisión. Los dioses viven sus respectivas vidas totalmente despreocupados de nosotros, lo mismo que nosotros vivimos nuestras vidas totalmente despreocupados de la de los insectos, a no ser que interfieran en nuestras vidas y nos molesten de alguna manera. Entonces, con toda naturalidad, los eliminamos y seguimos haciendo lo que estábamos haciendo.

A pesar de la separación radical que existe entre los dioses y nosotros, es muy probable que algunas de nuestras acciones colectivas trasciendan la barrera de nuestra dimensión y lleguen a causarles algún tipo de molestia directa o indirecta (por ejemplo, si no nos atenemos a las directrices que ellos nos han dado). En este caso actúan conforme a sus intereses, aunque tengan que hacerlo de una manera drástica. Y creo que esto, tal como más tarde veremos, ha sucedido en muchas ocasiones a lo largo de la historia.[8]

Pero volvamos a la pregunta que dejamos en el aire unos párrafos atrás: ¿qué placer pueden sacar los dioses del hombre? No nos usan como alimento, ni como materia prima, ni

---

8 Efectivamente, algunas de nuestras acciones molestan a nuestros visitantes, especialmente el uso de la energía atómica, sobre la que en repetidas ocasiones y a muchos contactados han avisado del peligro que encierra su uso. Si nos fiamos de lo que nos han dicho, algunas de las razas de los grises han llegado al estado degenerado en que en la actualidad se encuentran debido al mal uso de estas energías atómicas y subatómicas en guerras habidas entre ellos. Otra de las acciones que parecen molestar a los extraterrestres que, aunque de una manera disimulada, viven entre nosotros, es la falta de consideración que tenemos en la conservación de la naturaleza, que es de tal calibre que en algunos aspectos está llegando a límites irreversibles y les está afectando también a ellos. [*Nota del autor a la actual edición*].

para sus deportes tal como nosotros usamos a los animales. ¿De qué manera nos pueden usar entonces?

LAS ONDAS QUE EMITE EL CEREBRO

Vamos a dejar en suspenso las afirmaciones nada seguras que se hacen ante estas preguntas, porque más tarde volveremos sobre ellas. Ahora vamos a fijarnos en algo que constituye la médula de este capítulo y de este libro: en un placer específico que los dioses obtienen de los hombres y que probablemente es la principal causa de su interferencia en nuestras vidas durante toda nuestra historia.

El cerebro humano tiene una natural actividad psíquica. Esta actividad psíquica, a pesar de que vulgarmente es considerada como algo sinónimo de «espiritual», en último término no es sino una actividad eléctrica, lo que equivale a decir física, que consiste, tal como ya dijimos, en la emisión de ondas o radiaciones, pero en una frecuencia y longitud y con unas características tan peculiares que hace que tales radiaciones no puedan ser detectadas por los instrumentos normales que usan los físicos, y en cambio sí por instrumentos biológicos, como los cerebros de otras personas o de otros seres vivientes.

Pues bien, los dioses se interesan mucho por esta actividad psíquica del cerebro humano, y en particular por toda la actividad psico-física del cerebro cuando está sometido a ciertas excitaciones. Los dioses sí están capacitados para captar las ondas que en determinadas circunstancias emite el cerebro. Por lo tanto, su principal actividad entre nosotros —y esta es una de las afirmaciones más importantes de este libro— consiste en *propiciar las circunstancias en las que el cerebro emite las ondas o radiaciones que a ellos les interesan.*

¿Y qué sacan los dioses de estas ondas emitidas por el cerebro humano? Para explicárnoslo de alguna manera, podemos preguntarnos qué sacamos los hombres de otro tipo de ondas parecidas (aunque de una frecuencia enormemente inferior), como por ejemplo las ondas hertzianas. Los animales, por no ser capaces de captarlas, no sacan nada de ellas y las desconocen por completo; pero el hombre, en cambio, al ser capaz de descodificarlas, puede sacar un placer estético, un estado de placidez, adquirir nuevos conocimientos y todo aquello de lo que es capaz un programa de radio.

Volvamos ahora a la pregunta que hacíamos más arriba: ¿qué sacan los dioses de esas determinadas ondas producidas por el cerebro humano? La respuesta tiene que ser genérica: sacan algo. No sabemos exactamente qué, pero a juzgar por lo atentos que han estado siempre para conseguirlas, hemos llegado a la conclusión de que sacan algo.

Parece ser —y en esto ya no estamos tan seguros— que estas radiaciones provenientes del cerebro (y de otras fuentes, tal como veremos enseguida) son para ellos una especie de droga, algo así como para los hombres es el rapé, el tabaco, el café o el licor, es decir, un placer que no es de ninguna manera necesario ni imprescindible, sino un complemento placentero de nuestra alimentación.

Los ovnis en la actualidad propician los estados anímicos en los que el hombre puede producir esas vibraciones, lo mismo que los dioses lo hacían en tiempos pasados. Y esto no son meras deducciones, es algo que salta claramente a la vista cuando uno conoce a fondo la manera de actuar de los ovnis en nuestros días, y cuando se ha tomado el trabajo de leer los textos de los antiguos historiadores para conocer qué era lo que los dioses les imponían a griegos y romanos y a los pueblos de Mesopotamia (lo mismo que a los pueblos de la

América precolombina) con «ritos» o con «ceremonias religiosas». A pesar de las distancias en el tiempo y en el espacio, curiosamente nos encontramos con los mismos hechos, propiciadores de idénticos estados anímicos.

¿Cuáles son los estados anímicos bajo los cuales el cerebro produce estas ondas? Hablando genéricamente podemos decir que el cerebro humano las produce cuando es presa de alguna excitación. Esta excitación puede provenir de la angustia, de una gran expectación, del odio violento y manifestado, de una explosión de alegría y, sobre todo, del dolor; del dolor moral, y más aún del dolor físico. De todos estos estados anímicos, parece que el que más energía produce, aparte de ser el más fácil de conseguir, y al mismo tiempo del que se puede conseguir de una manera más rápida —podríamos decir que casi instantánea—, es el de dolor. Basta con darle un fuerte golpe a alguien para que automáticamente su cerebro comience a irradiar este tipo de ondas o de energía que tanto les gusta a los dioses. El lector deberá tener esto bien presente para las consideraciones que más tarde haremos en relación a esta circunstancia.

Al principio del capítulo dijimos que los dioses venían a nosotros y se nos manifestaban por dos cosas, por necesidad y placer. En los párrafos que siguen trataremos de profundizar esta doble afirmación.

Si tuviéramos que mirar desde otro punto de vista cuáles pueden ser las razones que los impulsan a que se nos manifiesten, podrían enunciarlas así: buscan en nosotros ciertas cosas de índole psíquica, inmaterial o invisible (las que acabamos de exponer en los párrafos anteriores), y ciertas cosas materiales, visibles y concretas de las que ellos extraen algo. Estas cosas materiales son las que ahora quiero exponer.

Sangre y vísceras

De nuevo nos encontramos con un paralelo sorprendente, al mismo tiempo que totalmente inexplicable desde la lógica. Más que de un paralelo podríamos hablar de una absoluta identidad de hechos. Y antes de proseguir, quiero confesarle al lector que lo que voy a decir es algo tan inesperado, tan chocante y tan increíble que en un primer momento engendra en la mente de quien lo conoce por primera vez un rechazo absoluto y una duda acerca de la cordura de quien se atreve a exponer semejante cosa.

Lo que los dioses han pedido siempre en la antigüedad, y continúan pidiendo hoy, es ni más ni menos que sangre. Sangre tanto de animales como de seres humanos. ¿Por qué? No lo sé con exactitud. ¿Extraen ellos de la sangre algún producto que les sirve para algo? Tampoco lo sé; aunque al final del capítulo expondré mis sospechas. Lo único que sé con exactitud, y que sabemos muy bien todos los que nos dedicamos a investigar en el mundo de la ovnilogía y de la paranormalogía, es que la sangre y ciertas vísceras son el común denominador entre los dioses de la antigüedad —incluido el dios de la Biblia— y los ovnis de nuestros días. Aunque ya traté este tema en mi libro *Israel pueblo-contacto*, quiero profundizar aquí en él, ya que es una gran clave para desentrañar todo este misterio.

Los eternos dubitantes que constantemente están pidiendo pruebas concretas acerca de todos estos hechos misteriosos, cuando alguien se las da —como en este caso de la sangre—, las encuentran tan extrañas y tan concretas que normalmente, en lugar de servir para quitarles la duda, se la acrecientan. Pero el hecho está ahí, atestiguado no solo por todos los libros de los historiadores antiguos sino por el libro por excelencia, la Biblia, donde vemos a Yahvé, página tras página, explicarle a Moisés qué era lo que quería que se hiciese con la sangre y con las vísceras de los animales sacrificados.

Nos imaginamos el pasmo de Moisés cuando, tras haberle preguntado a Yahvé cómo quería ser adorado, escuchó como respuesta de este una serie de pormenores y de órdenes minuciosas de cómo debía degollar a los diferentes animales, qué es lo que debería hacer con las distintas vísceras, y sobre todo cómo tenía que manipular la sangre. Moisés, que seguramente conocía muy bien cómo eran los sacrificios que los egipcios y los pueblos mesopotámicos hacían constantemente a sus respectivos dioses, debió quedarse de una pieza, viendo que su «Único Dios» le pedía exactamente lo mismo que los otros «falsos dioses» pedían. Y no solo por el hecho de que exigiese que le entregasen «cosas» (en lugar de preferir el diálogo directo y unos ritos de una simbología espiritual y lógica), sino porque esas «cosas» que exigía eran exactamente las mismas que los otros dioses pedían, y con el agravar de que eran un tanto extrañas y en nada relacionadas con la adoración o con el perdón de los pecados. Porque si lo miramos con una mente sin prejuicios, ¿qué tiene que ver la muerte de un cabrito y diseccionar sus vísceras de tal o cual modo, o derramar su sangre en determinados lugares, con la demostración del amor a Dios y de la obediencia a sus mandatos? ¿Qué tiene que ver degollar una vaca con el sincero arrepentimiento y con el reconocimiento de los propios defectos?[9]

---

9 La ciencia oficial que tiene que ver con el tema que estamos tratando, la arqueología, se resiste a admitir nuestros puntos de vista. Sin embargo llega, por su parte, a las mismas conclusiones y hasta muestra su extrañeza de que las cosas sean así. Cito al autor alemán Wilhelm Ziehr: «De este modo se explica la ofrenda de víctimas: los dioses no aprecian el agradecimiento en la oración o en el cambio moral de vida, o en la aceptación de determinados mandamientos, sino solo en el sacrificio; y el supremo sacrificio que puede ofrendarse es la sangre de los hombres» (*La magia de pasados imperios*; Ed. Mundo Actual).

Y si seguimos usando la cabeza, tendremos derecho a pensar que es completamente natural quemar madera, pero es totalmente antinatural quemar la carne. La carne, cuando se quema por completo (como se hacía en los holocaustos), impregna el ambiente de grasa y produce un penetrante olor nada agradable.

Para que el lector con ojos desapasionados pueda ver por sí mismo lo que le estamos diciendo, y de paso, para recordarle textos que leyó en sus años de colegial sin caer muy bien en la cuenta de lo que leía (o incluso no ha leído en su vida), copiaremos aquí varios pasajes del Pentateuco en los que Yahvé alecciona a Moisés acerca de cómo debe ser adorado:

> Quien ofrezca un sacrificio pacífico, si lo ofreciera de ganado; mayor, macho o hembra sin defecto, lo ofrecerá a Yahvé. Pondrá la mano sobre la cabeza de la víctima y la degollará a la entrada del tabernáculo; y los sacerdotes, hijos de Arón, derramarán la sangre en torno al altar. De este sacrificio se ofrecerá a Yahvé en combustión el sebo y cuanto envuelve las entrañas y cuanto hay sobre ellas, los dos riñones y los lomos y el que hay en el hígado sobre los riñones... (Lev 3, 1 y sig.).

Y así sigue explicando detalladamente a lo largo de los capítulos siguientes qué es lo que los sacerdotes tienen que hacer con las vísceras en caso de que, en lugar de ser vacas, toros o novillos, fuesen cabras, corderos o aves; y de acuerdo a los diversos pecados por los que se ofrecen los sacrificios:

> Si es sacerdote ungido el que peca, haciendo así culpable al pueblo, ofrecerá a Yahvé por su pecado un novillo sin defecto en sacrificio expiatorio. Llevará al novillo a la entrada

del Tabernáculo, y después de ponerle la mano sobre la cabeza lo degollará ante Yahvé. El sacerdote ungido tomará la sangre del novillo y la llevará ante el Tabernáculo, y mojando un dedo en la sangre hará siete aspersiones ante Yahvé vuelto hacia el velo del santuario; untará con ella los cuernos del altar del timiama y derramará todo el resto de la sangre en torno al altar de los holocaustos... Cogerá luego el sebo del novillo sacrificado por el pecado y el sebo que cubre las entrañas y cuanto hay sobre ellas, los dos riñones con el sebo que los cubre y el que hay entre ellos, y los lomos y la redecilla del hígado sobre los riñones... La piel del novillo, sus carnes, la cabeza, las piernas, las entrañas y los excrementos, lo llevará todo fuera del campamento... y lo quemará sobre leña... (Lev 4, 1 y sig.).

Aun con peligro de abusar de la paciencia del lector, pero por creer que tiene mucha importancia, voy a citar otro texto que resume, en cierta manera, todas las detalladas órdenes que Yahvé le transmitió a Moisés acerca de cómo quería ser adorado.

Durante los capítulos 4, 5, 6, 7 y 8 del libro del Levítico, Yahvé continuaba instruyendo detalladamente a Moisés. He aquí cómo la Biblia describe los primeros sacrificios ofrecidos por Arón y sus hijos después de haber terminado de recibir todas instrucciones:

... Trajeron ante el Tabernáculo todo lo que había mandado Moisés y toda la asamblea se acercó poniéndose ante Yahvé... Moisés dijo: «Esto es lo que ha mandado Yahvé; hacedlo y se mostrará la Gloria de Yahvé». [Note el lector que en la Biblia se llama la «Gloria de Yahvé» a la famosa nube en que Yahvé se manifestaba y desde la que les hablaba].

Arón se acercó al altar y degolló el novillo... Sus hijos le presentaron la sangre y, mojando él su dedo, untó con ella las esquinas del altar y la derramó al pie del mismo. Quemó en el altar la grasa, los riñones y la redecilla del hígado de la víctima por pecado, como Yahvé se lo había mandado a Moisés. Pero la carne y la piel las quemó fuera del campamento. Degolló el holocausto y sus hijos le presentaron la sangre, que él derramó en torno al altar. Le presentaron entonces el holocausto descuartizado, junto con la cabeza, y él los quemó en el altar. Lavó las entrañas y las patas y las quemó encima de dicho holocausto. Luego presentó la ofrenda del pueblo, degollándolo según el rito... Degolló al toro y al carnero del sacrificio pacífico por el pueblo. Los hijos de Arón le presentaron la sangre que él derramó en torno al altar; y el sebo del toro y del carnero, el rabo, el sebo que recubre las entrañas, los riñones y la redecilla del hígado; las partes grasas las puso sobre los pechos. Arón quemó los sebos ante el altar; después ofreció, balanceándolos[10], los pechos ante Yahvé, y la pierna derecha, balanceando también al ofrecerla, tal como había mandado Moisés... Moisés y Arón entraron en el tabernáculo de la reunión y, cuando salieron, bendijeron al pueblo, y la «Gloria de Yahvé» se apareció a todo el pueblo, y un fuego mandado por Yahvé consumió en el altar el holocausto y las grasas.

---

10 Este balanceo o mecimiento al momento de ofrecer la víctima (ordenado taxativamente por Yahvé en diversas ocasiones), aparte de su extrañez nunca bien explicada por los exegetas bíblicos ni por el propio Yahvé, es algo en lo que el autor encuentra un detalle más de sospechosa coincidencia entre la manera de actuar los dioses de la antigüedad y los misteriosos visitantes del espacio de los tiempos modernos, cuyas naves tienen frecuentemente un balanceo tan característico; aparte de que, en apariciones religiosas contemporáneas, también hemos podido observar este extraño balanceo, para el que los modernos teólogos tienen todavía menos explicaciones.

(Fíjese el lector en este «fuego mandado por Yahvé», ya que tiene gran importancia en la relación de los dioses con nosotros, tanto en tiempos pasados como en la actualidad. Más tarde hablaremos en detalle sobre este particular).

Perdóneme el lector unas citas tan largas —que podían haber sido mucho más todavía—, pero quería mostrar que la sangre y las vísceras eran para Yahvé una idea fija y obsesiva[11]. Pero lo grave es que Baal, Moloc, Dagón, etc., les pedían exactamente lo mismo a los pueblos mesopotámicos; y Júpiter-Zeus les pedía los mismos sacrificios a griegos y romanos; y si saltamos a América nos encontramos con que Huitzilopochtli les pedía lo mismo a los aztecas, con el agravante de que este les exigía en ocasiones que la sangre fuese humana.

La mayoría de las tribus negras en las que no han penetrado el cristianismo o el islam siguen todavía hoy ofreciendo sacrificios de sangre a sus dioses. Los ozugus del centro de África, en el día de la gran solemnidad, se tumban en el suelo mientras el supremo brujo-sacerdote los rocía abundantemente con la sangre de los animales sacrificados... ¿Qué hace el «Dios Único» exigiendo lo mismo que los demás dioses? ¿Y por qué tiene que ser precisamente sangre y vísceras, algo tan difícil de conseguir para los pueblos pobres, tan fácilmente corruptible y hasta maloliente a las pocas horas, tan falto de relación con el amor y la obediencia, que es lo que fundamentalmente se quiere simbolizar en los ritos? Indudablemente uno tiene derecho a sospechar que algo extraño hay en torno a la sangre cuando universalmente la vemos relacionada con el fenómeno religioso.

En el cristianismo, a pesar de haberse liberado de este lastre de los sacrificios cruentos de animales y a pesar de mostrar-

---

11 Es muy de admirar que mientras en la Biblia se habla únicamente 160 veces del amor, se habla en cambio 280 veces de la sangre.

se mucho más racional en sus ritos, en cuanto uno profundiza un poco en ellos se encuentra de nuevo con la sangre, aunque en este caso sublimada. «La sangre del cordero» y el «vino convertido en sangre del Hijo de Dios» son dos símbolos fundamentales en toda la ritualística cristiana. Y si profundizamos más todavía, veremos que estos símbolos no lo son tanto, ya que la sangre de Cristo en la cruz fue una sangre real y no simbólica; ¡sangre que le fue exigida nada menos que por su Padre! Pero no tendremos que admirarnos mucho ante un hecho tan monstruoso, cuando nos enteramos que ese padre, según nos dice la teología, no era otro que Yahvé.

La cuidadosa y selectiva manipulación de las vísceras que veíamos en los textos citados anteriormente es algo que también tiene que hacernos reflexionar mucho, pues tiene grandes paralelos con otros hechos igualmente inexplicables de los que no podemos tener duda alguna, ya que están sucediendo estos mismos días delante de nuestros ojos. Enseguida hablaremos de esto.

Hasta aquí el lector tiene derecho a tener muchas dudas acerca de lo que llevo dicho. No precisamente de que la sangre tuviese mucha importancia en las religiones antiguas, incluida la judeocristiana (los testimonios bíblicos son irrefutables), sino de que eso pueda ser presentado como una prueba de que a los dioses todavía les sigue interesando obtener sangre humana o de animales en la actualidad. Trataremos de quitarle esas dudas en los párrafos siguientes.

LOS OVNIS Y LA SANGRE

En páginas anteriores no solo relacionábamos el fenómeno ovni con lo que venimos llamando «los dioses», sino que lo identificábamos totalmente: es decir, que los que hoy se nos manifiestan en los misteriosos ovnis son los mismos que en épocas pasadas se manifestaban a nuestros antepasados como dioses (a veces a bordo también de máquinas volantes, tal como nos dicen muchas historias antiguas), exigiéndoles adoración y sacrificios. Pues bien, en línea con esta identificación, nos encontramos con otro hecho que no puede menos que llenarnos de pasmo después de lo que hemos visto en párrafos anteriores. El hecho irrefutable es el siguiente: los ovnis acostumbran con cierta periodicidad a llevarse determinadas vísceras y sobre todo grandes cantidades de sangre que extraen de animales —preferentemente vacas y toros— que previamente han sacrificado en granjas. Estas carnicerías, que siempre suceden durante la noche, han ocurrido prácticamente en todo el mundo, y las autoridades de unos cuantos países, avisadas por los ganaderos perjudicados, han intervenido activamente para tratar de dar con el causante de las matanzas, sin que nunca hayan llegado a dar una explicación convincente.

El hecho de que nosotros relacionemos estas muertes con los ovnis no proviene de deducciones o de la falta de una explicación convincente por parte de las autoridades, sino por haber investigado personalmente unos cuantos hechos de esta índole y por haber escuchado los testimonios de testigos presenciales.

El lector que por primera vez tenga noticia de esta extraña cualidad de los ovnis, que los hace en cierta manera semejantes al legendario Drácula, pensará inmediatamente que se trata de una leyenda más. Dejando a un lado a Drácula (de cuyo aspecto legendario habría mucho que hablar), nos encontramos ante hechos para cuya investigación no hay que acudir a tradiciones orales o a viejos libros, sino que lo único que hay que hacer es tomarse el trabajo de leer ciertos despachos que las agencias de noticias publican de vez en cuando en los periódicos. Y quien ante un hecho tan extraño quiera convencerse tiene que hacer lo que hizo el autor, que en cuanto apareció la primera noticia en el periódico acerca de misteriosas muertes de animales (que mostraban extrañas heridas en el pescuezo y en la cabeza, y estaban totalmente desangrados) salió hacia aquella región montañosa a investigar los hechos personalmente. Y no solo fui capaz de oír testimonios, sino que pude fotografiar vacas que habían sido matadas aquella misma noche por los ovnis, y que tenían las heridas características de esta clase de muertes.

Las muertes y el desangramiento de animales por parte de los ovnis son un hecho totalmente admitido por todos los buenos investigadores del fenómeno, y en Estados Unidos incluso llegó a publicarse una pequeña revista titulada *Mutilations*, dedicada exclusivamente a catalogar todos estos fenómenos. En dicha revista se limitaban casi exclusivamente a hechos ocurridos en Estados Unidos, pero es de sobra conocido que tales matanzas ocurren en la actualidad en todos los continentes, y en algunas naciones como Francia, Brasil y Sudáfrica, entre otras, hay informes muy detallados, fruto de largas investigaciones.

Comprendo la extrañeza y hasta la duda que un hecho como este pueda producir en todos aquellos lectores que nunca habían tenido noticia de semejantes hechos. Pero en este, como en casos semejantes, lo sabio no es cerrarse ante la realidad, negándola y desinteresándose de ella; lo sabio es investigar a fondo sin miedo y sin prejuicios, y dispuestos a llegar hasta las últimas consecuencias. No hacerlo así es exponerse a permanecer en el error. Desgraciadamente, esto es lo que le ha pasado a la humanidad y le sigue pasando en cuanto a sus creencias «sagradas» y en cuanto a muchas otras creencias que tienen que ver con la razón de ser y con la explicación de la vida humana.

Al admitir ciertas verdades como «inviolables» y como «absolutamente ciertas», nos cerramos automáticamente a la investigación de otras posibilidades que podrían explicar la vida y toda la realidad del universo de una manera diferente a como la explican esas «creencias sagradas» y esas «verdades inviolables». Ordinariamente, los que viven bien gracias a esas «creencias sagradas» (los líderes religiosos) o a esas «verdades inviolables» (algunos profesionales y científicos), son los que con mayor violencia se oponen a todas estas investigaciones y explicaciones nuevas, porque podrían dar al traste con sus posiciones privilegiadas.

Y si las matanzas de animales no son admitidas de buena gana, mucho menos es admitido que los ovnis, en algunas ocasiones, se atrevan a desangrar a humanos. Y no es admitido porque, en general, los hechos de esta índole son menos abundantes en nuestros días, y cuando tienen lugar, suelen ser realizados de una manera muy discreta y en regiones apartadas, llegando difícilmente al conocimiento del gran público. Enseguida hablaremos sobre esto.

Permítaseme esta autocita sacada de un libro mío inédito, titulado *60 casos de ovnis*, que no ha podido ver la luz pública por culpa de la irresponsabilidad de un editor. El lector tendrá que tener en cuenta que cuando escribí lo que a continuación transcribiré todavía no había llegado a las claras conclusiones a las que llegué varios años más tarde como resultado de mi intensa investigación del fenómeno ovni en toda su profundidad.

Para mí no hay duda de que algún tipo de los llamados «extraterrestres» son la causa de las miles de muertes y desapariciones de todo tipo de animales, tanto domésticos como salvajes. No sé por qué lo hacen, pero sí estoy seguro de que ellos son los carniceros. Alguien preguntará que cómo puedo saber que los animales salvajes son matados también por los tripulantes de los ovnis, y tiene todo la razón para hacerlo.

Ciertamente, el coyote muerto que vi en un campo en las afueras de la ciudad mexicana de Querétaro no me lo dijo, pero yo pude deducirlo por muchas razones. Querétaro, a unos 200 kilómetros al noroeste de la Ciudad de México, es una ciudad en la que en tiempos pasados, y también en nuestros tiempos, han ocurrido cosas extrañas más o menos relacionadas con los ovnis.

Un día de 1975, un joven de clase muy humilde me dijo que dos meses antes, al anochecer, había visto pasar por encima de su casa (en los límites de la ciudad) un ovni a muy baja altura y muy despacio. Excitado por la visión, comenzó a correr siguiendo la trayectoria del ovni, que descendió en una profunda quebrada en las afueras de la ciudad, no lejos de su casa. Cuando llegó al borde de la quebrada vio un gran objeto lenticular posado en el suelo, que emitía una fantástica luz blanca. Atemorizado ante lo que estaba viendo, se agachó entre unos arbustos, y desde su escondite pudo ver a varios «enanos» con una especie de linternas en sus manos. Emitían unos haces de luz muy finos y concentrados y los «enanos» se divertían mucho cortando con los haces de luz los tallos de diversas plantas; cortaban una tras otra con gran entusiasmo.

Pasado un tiempo, mi amigo, que había permanecido totalmente inmóvil entre los arbustos, vio cómo la luz del objeto cambió de color y a los pocos instantes notó que comenzaba a elevarse muy despacio, balanceándose repetidamente a unos cinco metros por encima del terreno, hasta que salió disparado hacia el cielo. En uno de estos balanceos, golpeó un gran cactus y lo derribó. Cuando varios meses más tarde fui con el joven al mismo sitio para que me contase los hechos sobre el terreno, le dije que me indicase el lugar donde había sido derribado el cactus. Fuimos y efectivamente allí estaba: un gran nopal derribado y medio seco. A pesar del tiempo que había pasado, y sin dificultad alguna, pudimos ver en el medio de la quebrada las huellas redondeadas de más de un aterrizaje. Más tarde, en su casa, el joven me dio partes de piedras fundidas que él había recogido entre las huellas del aterrizaje, cuando aún estaban calientes; las metió en un frasco, y al cabo de un tiempo el interior del mismo se había recubierto de un polvo amarillento que parecía azufre.

Todas estas circunstancias son más o menos comunes en muchos otros descensos de ovnis, pero lo que resultó nuevo para mí fue el coyote medio disecado que descubrí bastante cerca de uno de los aterrizajes. Lo que atrajo mi curiosidad fueron ciertas extrañas circunstancias que se podían apreciar en los restos del animal. Lo más extraño era que todo el cuerpo estaba retorcido, como se retuerce un trapo para sacarle el agua, y a pesar de ello los huesos no estaban rotos. También me llamó la atención que ni bajo el cuerpo del animal ni en los alrededores se podía ver hormiga ni insecto alguno, cuando buena parte de la carne del animal estaba aún adherida a los huesos, aunque se había secado de una manera extraña, sin corromperse y sin desintegrarse tal como es común en los animales que mueren en el campo.

Para confirmar mi sospecha acerca de la causa de la muerte del coyote, mi amigo me dijo que en la otra parte del monte había un esqueleto de un tlacuache (una especie de zarigüeya) que presentaba las mismas características y que, curiosamente, estaba también muy cerca de las huellas de otro aterrizaje de un ovni.

En cuanto a las muertes de animales domésticos por los tripulantes de los ovnis, en los años 1974 y 1975 tuvieron lugar en Puerto Rico muchos casos que fueron investigados por mí y por muchas otras personas interesadas en estos temas.

Durante el mes de septiembre de 1974 hubo en toda la isla, pero especialmente en el oeste y en el suroeste, una verdadera oleada de avistamientos. Una mañana escuché por la radio que en una pequeña granja habían aparecido muertos de una manera muy extraña unos cuantos animales. Si no recuerdo mal, eran dos cerdos, dos gansos, una o dos novillas y varias cabras. Cogí mi automóvil y fui al lugar inmediatamente. Los animales tenían las heridas típicas, y además algo que llenaba de pasmo a su atribulado dueño: no había trazas de sangre en ninguno de ellos a pesar de que las heridas que tenían eran profundas y a pesar de que los dos gansos eran blancos como la nieve y cualquier herida de sangre se hubiese notado enseguida.

Durante los próximos días, los periódicos continuaron informando de más animales muertos en la misma región, sin que se pudiesen explicar las causas. Fui al campo en varias ocasiones para investigar los hechos y me encontré con que los dueños de las granjas estaban intrigados por la muerte de sus animales tanto como de las luces que por la noche se veían en el cielo. Alguno de ellos me dijo que se parecían a las luces giratorias que los coches patrulla de la policía llevan en la parte superior.

En uno de mis viajes pude ver a lo lejos una vaca blanca y negra tendida en mitad de un campo. Salí del coche y me dirigí hacia ella, aunque la labor de llegar no fue nada fácil. La vaca tenía las típicas heridas en el cuello y en la cabeza; le habían sacado la piel de un lado de la cabeza, como si lo hubiesen hecho con un bisturí de precisión. Le faltaba además la entrada de uno de los orificios de la nariz, aunque no había absolutamente nada de desgarramiento. A pesar de que parte de la cabeza era blanca, no se veía ni una gota de sangre por ningún sitio. El campesino que me acompañaba no acababa de explicarse qué podía haber dado muerte a aquella vaca. Me contó que aquella misma noche había oído a los perros ladrar furiosamente, y una anciana ciega que vivía en los lindes de aquel campo me dijo que aquella noche el ganado, que normalmente se queda a dormir a la intemperie, no la había dejado dormir porque estaba como alocado corriendo de un sitio a otro.

(Es de notar que por este mismo tiempo sucedieron en Puerto Rico muchos otros extraños fenómenos, como la aparición de raros animales de gran tamaño, grandes explosiones misteriosas en el aire, apariciones de vírgenes y santos en diversos pueblos, imágenes religiosas que sangraban o lloraban, milagros en el santuario de Nuestra Señora, desaparición de personas de una manera muy misteriosa, etc. Para mí, todas estas cosas, aunque aparentemente no tienen nada que ver, están muy relacionadas y más aún que relacionadas; se puede decir que proceden de una misma causa).

Hasta aquí el texto de mi libro nunca publicado.

No sé si el lector habrá caído en la cuenta al leer las anteriores citas de la Biblia que hay vísceras como los pulmones, el corazón, el estómago o los intestinos, o miembros como la cabeza y las patas, que apenas son nombrados alguna que otra vez (note el lector que he puesto una muy pequeña parte de los textos dedicados a este tema) y que cuando son nombradas, con frecuencia se ordena que «sean quemadas fuera del campamento»; y sin embargo los riñones, y la envoltura de los riñones y del hígado, son mencionados constantemente y sin excepción en todos los sacrificios, lo mismo que se puede decir del sebo o grasa y sobre todo de la sangre («No comas nunca la grasa ni la sangre; la grasa y la sangre son para Yahvé» —Deut 12, passim—).

Pues bien, solo como anécdota curiosa, tendremos que decir que ha habido casos donde los ovnis, además de llevarse la sangre del animal, cosa que siempre hacen, se han llevado precisamente estas vísceras en las que tanto énfasis se hace en el Levítico. Uno de estos casos, al que ya he hecho referencia en otro lugar, le ocurrió en la década de los años 50 a una campesina boliviana. Cuando se acercó al aprisco en el que tenía guardadas sus ovejas, en un lugar muy apartado en el monte, vio con asombro cómo un ser de baja estatura y que tenía en su espalda como una caja estaba matando una por una sus ovejas, a las que les extraía mediante una pequeña incisión solo una parte de los riñones, que guardaba en una especie de bolsa de plástico. La campesina, atemorizada ante lo extraño del caso, pero defendiendo lo que era suyo, la emprendió a pedradas con el extraño visitante. Este, al verse descubierto, abandonó enseguida su tarea y comenzó a elevarse en vertical, al parecer impulsado por un chorro que salía desde la caja que tenía en la espalda.

Aunque es muy cierto que con unos pocos casos no se puede probar nada, sin embargo está fuera de toda duda el hecho de que los tripulantes de los ovnis, al igual que los dioses de la antigüedad, tienen una extraña afición por las entrañas de los animales y sobre todo no pueden disimular su interés en la sangre tanto de animales como de humanos. John Keel refiere el caso de una ambulancia que transportaba, en el estado de Ohio, en Estados Unidos, un cargamento de sangre humana, y que fue repetidamente asediada por un ovni que mediante una especie de grandes pinzas intentó elevarla en el aire. El chófer, en medio de los gritos histéricos de una aterrada enfermera, aceleró todo lo que pudo hasta que la presencia de otros vehículos hizo desistir al ovni de sus intentos.

Como resumen a todo esto diré que en tiempos pasados da la impresión de que, tanto Yahvé como los demás *elohim*, lograron convencer a los pueblos primitivos para que les ofreciesen sacrificios de animales. En nuestros tiempos, ante la imposibilidad de convencer a los pueblos civilizados para que sigan ofreciendo esos sacrificios (de los que indudablemente sacaban algún beneficio), da la impresión de que ellos mismos hacen directamente los sacrificios, buscando en las granjas las víctimas por sí mismos y reservándose para sí, como antaño, algunas vísceras determinadas y, sobre todo, la sangre, de la que parece sacan algún principio vital, alguna droga placentera o alguna energía que, hoy como entonces, les es necesaria para mantener la forma física que adoptan para comunicarse con nosotros o para materializarse en nuestra dimensión.

También sangre humana

Si las mutilaciones y los desangramientos de animales son interesantes, con toda razón se puede decir que resultan mucho más interesantes los desangramientos de seres humanos.

En 1977, cuando me encontraba en la ciudad de San Luis Potosí, a unos 300 kilómetros de México D.F., llegó a mis oídos el primer caso de esta naturaleza: un recién nacido que había sido encontrado muerto, totalmente desangrado. Las extrañas circunstancias del caso me incitaron a una investigación más a fondo, hasta que enseguida descubrí que no se trataba de un caso aislado, sino que era uno entre muchos otros similares.

Las circunstancias generales eran estas: ordinariamente se trataba de recién nacidos o con muy poco tiempo de vida; solían presentar hematomas o magulladuras en la piel, como si a través de ella les hubiese sido succionada la sangre, porque el común denominador de todos ellos era que estaban completamente vacíos de sangre. En algunos de los casos daba la impresión de que la sangre les había sido succionada a través de la boca, ya que no había heridas ni marcas de ninguna clase en la piel. Es también corriente que las madres de esos niños sean descubiertas sumidas en un estado letárgico al lado de sus infantes muertos, como si hubiesen sido drogadas por alguien mientras se realizaba la tarea de desangrar a su hijo; algunas de estas madres han tardado días en volver en sí, y cuando lo han hecho se han sentido extremadamente débiles. Hay también adultos que dicen —o suponen— que han sido atacados por alguien durante el sueño, porque descubren mataduras y golpes en la piel por todo el cuerpo y sienten también una gran debilidad.

Todos estos hechos sucedieron en el municipio de Landa de Matamoros, en el estado de Querétaro, en diferentes localidades. Naturalmente, la gente comenzó a hablar de vampiros y otras cosas y cundió el pánico entre los humildes habitantes de la zona. Los casos fueron reportados a las autoridades, las cuales hicieron algunas averiguaciones para ver cuál había sido la causa de las muertes, pero como sucede normalmente en estos casos, no se llegó a ninguna conclusión, y las mismas autoridades trataron de que se olvidase todo. Los lugares donde sucedieron la mayor parte de los incidentes son Tres Lagunas, Tan Coyol, Valle de Guadalupe, Pinalito de la Cruz y algunas otras aldeas muy pequeñas situadas en la Sierra Madre del Este, cerca de los límites del estado de San Luis Potosí.

Naturalmente, uno puede atribuir todas estas muertes a causas naturales; sin embargo, hay unas cuantas circunstancias que las asemejan mucho a las mutilaciones de animales. Una de esas extrañas circunstancias, que a cualquiera que conozca bien el fenómeno ovni le dirá mucho, es el hecho de que por esos mismos días los habitantes de la región veían constantemente luces que se movían muy lentamente en el cielo nocturno. Algunas de ellas se paraban encima de los cerros cercanos y hasta encima de las copas de los árboles, y hacían movimientos muy extraños. La humilde gente del lugar llama a estas luces (que se aparecen de tiempo en tiempo) «brujas», y de hecho les tienen bastante temor, hasta el punto de que tienen para defenderse de ellas unos ritos mágicos especiales que me describieron.

Todos estos hechos fueron reseñados más de una vez en la prensa. De hecho, conservo un recorte del periódico de la región, el *Heraldo de San Luis Potosí*, en el que se lee: «Los casos más recientes tuvieron lugar en Tres Lagunas y Valle de Guadalupe. En el primer lugar una niña de 7 años descubrió por la mañana que su madre, Josefa Jasso de Martínez, dormía profundamente abrazada a su bebé de solo dos días. Como no acabara de despertarse, la niña corrió a avisar a su tía. Cuando llegaron, encontraron que el bebé estaba muerto, y la madre no recobró totalmente el conocimiento hasta dos días más tarde».

El periódico menciona otro caso en el mismo pueblo muy parecido al que acabamos de citar. La madre, María Nieves

Márquez, fue encontrada inconsciente al lado de su bebé. En ambos casos las madres estaban muy débiles y los bebés no tenían heridas ni señales en la piel.

Hasta aquí los hechos investigados por mí, y conste que en otros lugares he aportado más información acerca de otros casos en los que han sido hallados en el monte seres humanos completamente desangrados, con la coincidencia de que también durante esos días era frecuente la visión de misteriosas luces nocturnas volando a baja altura sobre los campos. Estos casos sucedieron en Canadá.

El hecho de poner por escrito y divulgar de una manera seria hechos como estos suele enfurecer a dos tipos de personas: a los individuos «serios», llámense científicos o no, que creen que en el mundo ya quedan pocas cosas por descubrir y que entre las autoridades y la ciencia son capaces de explicar cualquier cosa que suceda, y a ciertos «ufólogos» (que en el nombre llevan ya su falta de originalidad) que siguen creyendo que los ovnis son como avanzadas de los buenos hermanos del espacio que vienen a nuestro planeta a ayudarnos.

Los hechos que estoy narrando son francamente desconcertantes, pero son absolutamente reales y con más pruebas de las que los dirigentes religiosos del cristianismo pueden presentar para sus creencias. Por lo tanto, no será extraño que las hipótesis que presenten para explicarlos sean igualmente desconcertantes, hasta contrarias a lo que durante años, tanto la religión como la ciencia, nos han estado diciendo.

Cuando se descubren hechos nuevos y radicalmente diferentes, es normal que la manera de pensar de los hombres sufra alguna convulsión, pues al mismo tiempo que se derrumban las teorías viejas, aparecen en escena teorías nuevas y más abarcadoras, que son capaces de explicar los hechos nuevos, hasta entonces desconocidos.

Tomemos como ejemplo la controversia en Estados Unidos entre los creacionistas y los evolucionistas. Cuando la Iglesia cristiana monopolizaba el pensamiento, no había problema ninguno para explicar el origen de la vida humana: la Biblia lo explicaba bien claramente. Cuando aparecieron hechos nuevos (desconocidos por los líderes religiosos), enseguida se crearon teorías nuevas para explicarlos, al mismo tiempo que se iban por el suelo las explicaciones bíblicas. Entonces la ciencia oficial comenzó a monopolizar el pensamiento con sus nuevas teorías evolucionistas, acusando a los líderes cristianos de fanáticos y de miopes, por negarse a admitir los hechos. La ciencia oficial tenía razón..., hasta que en nuestros tiempos aparecieron otros hechos (o más exactamente la humanidad reflexionó sobre muchos hechos extraños sucedidos en todas las épocas) que echaban por tierra muchas de las teorías de los científicos.

Y en este momento la ciencia está cometiendo el mismo error que cometieron los líderes religiosos. La ciencia está dogmatizando acerca de los orígenes del hombre (con un simple hueso no solo montan un esqueleto sino que se imaginan todo un sistema de vida) y, peor que eso, la ciencia oficial no quiere oír hablar de hechos que no estén de acuerdo con sus manuales universitarios, y se niega a analizar el enorme cúmulo de datos que contradicen sus teorías. Cuando todos esos hechos apuntan a que la raza humana ha descendido en buena parte de las estrellas, ellos siguen empeñados en probarnos que todos nuestros antepasados descendieron de los árboles.

Más tarde profundizaré sobre estos hechos, cuando los veamos confirmados y magnificados por otros semejantes con los que nos encontramos en la historia y de los que no podemos tener duda alguna[12].

Por qué la sangre

En párrafos anteriores dije que no sabía exactamente el porqué de la afición, tanto de los dioses de la antigüedad como de los dioses de nuestros días (los ovnis), a la sangre. Sin embargo, le comunicaré al lector mis sospechas, basadas no solo en mis propias conclusiones y en las de otros autores cuyos textos aduciré, sino en las mismas informaciones que algunos «contactados» han recibido de los extraterrestres, por más que estas nunca sean de fiar.

La clave de todo es que *la sangre libera muy fácilmente y de una manera natural este tipo de energía (que en último término no es más que ondas electromagnéticas) que tanto agrada a los dioses.* Para obtener de un cuerpo vivo energías semejantes, los dioses tienen que matarlo violentamente y luego quemarlo, mientras que la sangre, cuando fluye libremente, ya separada del cuerpo, suelta esta energía de una manera completamente espontánea, contrario a lo que sucede

---

12 En la actualidad no hace falta que los dioses se procuren de alguna manera violenta la sangre humana, porque nosotros se la brindamos voluntaria y abundantemente todos los días. La larga docena de guerras locales que actualmente se dan en nuestro planeta, las matanzas masivas que con tanta frecuencia se dan en nuestras más adelantadas naciones, los coches bomba que el fanatismo musulmán hace estallar cada pocos días, los cientos de miles de abortos diarios en que pequeños seres humanos ensangrentados son arrancados de los cuerpos de sus madres por aborteros y los ríos de sangre con que se tiñen diariamente las carreteras del mundo entero son un mar sanguinolento en el que los dioses malos pueden saciar su sed de sangre humana. [*Nota del autor a la actual edición*].

con la mayor parte de las vísceras y de la materia orgánica desmembrada[13].

Este tema de la sangre y de las energías que los dioses y otras entidades no humanas buscan en ella es tan alucinante, y por otra parte de tanta importancia, que volveremos a tratarlo.

RESUMEN Y EXPLICACIÓN

Como resumen de lo que llevamos dicho en este capítulo, diremos que lo comenzamos preguntándonos por qué y para

---

13 «Paracelso afirma que los magos negros se valen de los vapores de la sangre para evocar a las entidades astrales, que en ese elemento encuentran el plasma conveniente para materializarse. Los sacerdotes de Baal se herían el cuerpo para provocar apariciones tangibles con la sangre... En Persia, cerca de las aldeas rusas Temerchan-Shura y Derbent, los adherentes a cierta secta religiosa forman un círculo y giran rápidamente hasta llegar al frenesí, y en este estado se hieren unos a otros con cuchillos hasta que sus vestidos quedan empapados en sangre. Entonces, cada uno de los danzantes se ve acompañado en la danza por una entidad astral... Antiguamente las hechiceras de Tesalia mezclaban sangre de cordero y de niño para evocar a los espectros... Y aún hay en Siberia una tribu, los yakutes, que practica la hechicería como en tiempos de las brujas de Tesalia. Para ello necesitan derramar sangre, sin cuyos vapores no se pueden materializar los espectros. También se practica la evocación cruenta en algunos distritos de Bulgaria, especialmente en los lindantes con Turquía; durante unos instantes se materializa una entidad astral... Los yezidis (que habitan las montañas áridas de la Turquía asiática y de Armenia, Siria y Mesopotamia en número de unos 200 000) forman corros en cuyo centro se sitúa el sacerdote que invoca a Satán. Los del corro saltan y giran y mutuamente se hieren con puñales; suelen tener algunas manifestaciones fenoménicas, como enormes globos de fuego que luego toman figura de extraños animales...».

Datos semejantes a estos (tomados de *Isis sin velo*, Tomo IV, de H. P. Blavatski) se pueden encontrar en muchos autores y en casi todos los historiadores de la antigüedad. Y aparte de estos textos profanos, no tenemos nunca que olvidarnos de las claras, reiteradas y tajantes órdenes de Yahvé a su pueblo: «Jamás comáis la sangre; vertedla en el suelo como agua». (Lev 3,17; Deut 12, 16 y 24, etc.).

qué se manifestaban los dioses, y nos contestamos de una manera general diciendo que se manifiestan por placer y por necesidad, aunque decíamos que es una necesidad muy relativa. Además, mirando el problema desde otro punto de vista, contestábamos la pregunta diciendo que buscaban entre nosotros cosas inmateriales y cosas materiales. Como ejemplo de algo material hemos puesto la sangre, aunque a fin de cuentas saquen de ella algo «inmaterial»; y como ejemplo de una de esas cosas inmateriales que buscan, hemos puesto la energía que produce nuestro cerebro excitado.

Sin embargo, aquí tenemos que repetir la aclaración de que esa energía de nuestro cerebro no es totalmente «inmaterial», o dicho de otra manera, no es «espiritual», sino que es algo que pertenece por completo al mundo físico, por más que sea invisible a nuestros sentidos. Esa energía del cerebro es emitida en forma de ondas, de una frecuencia y de una longitud demasiado elevadas para poder ser captadas por los instrumentos de los que disponemos actualmente. Algunas de las ondas que el cerebro produce sí son perfectamente captadas por los instrumentos que hoy poseemos (electroencefalógrafos, etc.), pero las otras ondas del cerebro a las que nos referimos, y que son las que interesan a los dioses, esas, hoy por hoy, no pueden ser captadas por nuestros científicos, y únicamente de una manera indirecta, y gracias en gran parte a los avances de la parapsicología, van teniendo alguna sospecha de que existen.

Los últimos párrafos los hemos dedicado a explicar cuáles son esas cosas materiales que los dioses buscan en nuestro mundo, y nos hemos fijado especialmente en su preferencia por las vísceras y por la sangre.

Sin embargo, esta explicación quedaría truncada si no profundizásemos un poco en este gusto tan extraño de los dioses. Intentaremos hacerlo en los párrafos siguientes —que a mi entender son de gran importancia—, donde veremos que la razón de su gusto y preferencia por la sangre, la grasa y algunas vísceras es en el fondo la misma que los impulsa a captar las ondas que emanan de los cerebros excitados.

Cuando se destruye la materia orgánica, o dicho de otro modo, cuando muere la materia viva, ciertos elementos físicos que la componen (como son sus células, sus proteínas, sus aminoácidos, sus enzimas y compuestos moleculares y hasta sus moléculas y átomos) vuelven a la tierra, donde continúan sus interminables ciclos de desintegraciones, fusiones y transformaciones. Otros elementos también físicos (a nivel cuántico o subatómico) que componen la materia viva no entran en estos ciclos, sino que se liberan. Estos elementos, aun siendo físicos, no son en el sentido clásico «materiales», ni captables directamente por nuestros sentidos, sino que son de naturaleza ondulatoria. Son lo que llaman «energías» (porque no tenemos palabras concretas con las que designarlos, ya que apenas sí sabemos que existen), radiaciones, vibraciones, ondas; son en parte lo que, contemplado desde otro punto de vista, llamamos «vida».

Cuando algo vivo muere, lo que muere es el andamiaje material que acompaña la vida; pero esta, cuando el caparazón en el que se hacía presente en nuestra dimensión se desintegra por alguna razón, se libera como una energía y comienza o continúa su ciclos de fusión y transformación con otras energías que vibran a su misma o parecida frecuencia y dimensión. Este es otro aspecto y otro punto de vista de los infinitos niveles de que está compuesto este fantástico ser viviente en el que habitamos llamado universo. Pues bien, criaturas del cosmos más evolucionadas que nosotros, los dioses, son capaces de captar, por lo menos en parte, esta «energía» y estas ondas o vibraciones que se liberan cuando se desintegra la materia viva. Esta energía parece que les proporciona gran placer, y por eso la buscan hoy y la han buscado siempre valiéndose para ello de mil estratagemas. Si tuviésemos que explicarlo con un ejemplo, diríamos que las termitas solo le sacan provecho a la madera cuando se la comen, mientras que un animal superior —el hombre—, a esa misma madera le saca también provecho, pero no comiéndosela, sino de mil otras maneras totalmente ininteligibles para las termitas; e incluso le saca provecho quemándola, porque la madera, al quemarse, emite calor y aroma, cosas que, si bien no interesan para nada a las termitas (y hasta podrían ser mortales para ellas), son apreciadas por los hombres.

Cuando la materia viva, sea animal o vegetal, muere lentamente, es decir, tras un proceso natural de envejecimiento, esta energía vital se va desprendiendo muy poco a poco desde mucho antes del momento final, y por eso es más difícil de captar y de aprovechar por aquellos que tienen la capacidad de hacerlo; pero cuando el ser vivo está en toda su pujanza y por una causa u otra muere violentamente (como sucede cuando un animal es degollado), o se desintegra de una manera rápida, entonces toda esa energía vital sale como en torrente y es mucho más fácil de captar y de aprovechar.

Por extrañas que parezcan estas ideas, vemos que son llevadas a la práctica por pueblos diversos y muy distantes entre sí geográficamente.

En diversas tribus africanas, cuando un niño está enfermo, especialmente si está aquejado de alguna enfermedad desconocida para sus padres y para el hechicero, y los síntomas son una gran debilidad, el remedio que le aplican consiste en matar una vaca o un toro, abrirlo enseguida en canal, vaciarle parte de las entrañas y meter dentro al niño, cerrando de nuevo la piel del animal en torno al cuerpo del niño, dejando solo la cabeza del niño fuera del cuerpo del animal. La criatura permanece dentro del animal mientras este se mantenga caliente.

Entre los apuntes de un viejo curandero de Galicia, se ha encontrado prácticamente el mismo remedio, aunque, en este caso, el animal que se usaba era una cabra, y naturalmente solo el miembro enfermo se colocaba dentro del cuerpo del animal recién muerto.

Parece ser que lo que hace el cuerpo del niño débil y enfermizo, sediento de energía (absorber la vida que se le está yendo a chorros al animal en forma de ondas), es lo mismo que los dioses hacen y han hecho siempre; aunque en el caso de los dioses, de manera consciente y debido al gran dominio que tienen sobre la materia. Para el niño, el acto de chupar esta energía es un acto inconsciente y desesperado de su organismo para evitar la muerte; para los dioses, esta energía es solo una especie de juego o un sentimiento placentero que de ninguna manera es esencial para su existencia.

Dije unos párrafos antes que cuando un ser vivo —animal o planta— se desintegra de una manera rápida, la energía vital sale como en torrente y es mucho más fácil de captar y de aprovechar. La manera más fácil, normal y rápida de desintegrar la materia viva es mediante cremación. Y aquí es donde tenemos que recurrir a la historia y recordar que los dioses, en todas las religiones de la antigüedad, en lugar de exigir actos de arrepentimiento colectivo o alabanzas racionales por parte de sus pueblos, lo que les exigían siempre, como máximo tributo religioso, eran «holocaustos», es decir, ceremonias en las que primero se sacrificaba a la víctima (humana o animal) y luego se la quemaba íntegramente, de modo que nadie podía servirse para nada de ella. Tenía que arder hasta consumirse, tal como indica la palabra «holocausto» (que viene de dos palabras griegas que significan «todo quemado»). En fiestas solemnísimas entre los griegos y romanos se hacían grandes sacrificios de animales —especialmente bovinos—, que se llamaban «hecatombes» (que viene también de dos palabras griegas que significan «cien bueyes»), con los que se hacían grandes piras en honor a las deidades.

Estas ceremonias, que culminaban en grandes hogueras, eran la manera perfecta que los dioses tenían para «exprimir» toda energía vital que existía en aquellas criaturas vivientes. Primero, mediante el degollamiento o la vivisección de la víctima —con el consiguiente derramamiento de sangre— obtenían la energía sutil y más apreciada por ellos: la que desprendían sus cuerpos agonizantes y específicamente sus cerebros aterrados y atormentados. Y más tarde, muerta ya cerebralmente la víctima, pero todavía viva celularmente, el fuego se encargaba de liberar rápidamente toda la energía vital que encerraban sus entrañas aún calientes y las células de todo su organismo.

Estas ondas de energía que se desprendían de los cuerpos humeantes de las víctimas eran, tal como dijimos, una especie de droga o como un aroma para los «sentidos» de los dioses. En el Pentateuco se habla en repetidas ocasiones de estos «sacrificios abrasados» y se dice de ellos que eran «un manjar tranquilizante para Yahvé», o que subían hacia él «como un aroma calmante». Algo así como un cigarrillo de sobremesa, una tacita de café o quién sabe si una droga más fuerte.

Y si en este particular echamos una mirada general a otras religiones, nos encontraremos con los mismos extraños fenómenos con los que nos encontramos en la Biblia. No importa que cada época, cada cultura y cada creencia los ejecute o los interprete de una manera diferente; en el fondo son los mismos hechos, que a la mente humana (cuando piensa sin prejuicios y sin miedos) le parecen totalmente irracionales y en gran parte absurdos.

En otras religiones nos encontramos también con:

— muerte de animales,
— cremación de sus cuerpos;
— ceremonias en las que la sangre es el elemento principal.

No solo eso, sino que en muchas religiones, estas muertes y estas cremaciones de animales eran de *animales humanos.* En algunas de ellas, estas *ofrendas humanas* tenían liturgias realmente feroces e indignas no ya de un dios, sino de pueblos salvajes; y a pesar de ello, las vemos practicadas por pueblos que habían desarrollado grandes culturas. Piénsese si no en las inmolaciones de niños hechas periódicamente por los incas a Pachacamac y a los huacas en las tremendas matanzas rituales practicadas por los aztecas, en las ofrendas periódicas de los primogénitos de las familias nobles en la religión de los persas, etc.

Y para los cristianos que se consuelan pensando que en el paganismo de Satanás es capaz de inspirar cualquier aberración «a aquellos pobres pueblos que viven privados del conocimiento del verdadero Dios», tenemos malas noticias, porque resulta que el dios judeocristiano, Yahvé, exigió también en muchísimas ocasiones estas matanzas humanas, a pesar de que gustaba llamarse «misericordioso y benigno». Y no solo eso, sino que a veces era él mismo quien las realizaba:

«Y Yahvé envió un fuego que devoró a 250 hombres» [¡que estaban ofreciéndole incienso!] (Num 16,35).

«... y murieron 14700 tragados por la tierra» [cuando Yahvé se enfadó] (Num 17-14).

«Y lo degollaron al rey [por orden de Yahvé] junto con sus hijos y todo su pueblo» (Num 21-34).

Después de la matanza de los madianitas, ordenada por Yahvé (porque habían perdonado a los niños y a las mujeres), Moisés se enfadó y dijo: «Maten a todos los niños varones [incluso lactantes] y a toda mujer casada» (Num 31, 7-17).

«Y aquel día degollaron a 12000 hombres y mujeres, la entera población de Aim» (Jos 8).

Estos son solo algunos ejemplos. En el Nuevo Testamento y en la moderna teología se quiere correr un tupido velo sobre todo esto, lo mismo que se trata de sublimar muchas otras prácticas muy poco «divinas» de Yahvé. Pero no se puede tapar el Sol con un dedo, y los versículos del Pentateuco están ahí, desafiando el paso de los siglos para dejar testimonio de todas estas divinas monstruosidades.

Y abundando aún un poco más en el tema, y como una variante más de esta ferocidad sagrada, nos encontramos con religiones orientales y africanas en las que «Dios» exige que la esposa o las esposas sean quemadas en la misma hoguera en la que se quema el cuerpo de su marido difunto. Y muy probablemente los fieles de estas religiones seguirán pensando que su «Dios» es bueno y misericordioso (!). Pero ¿no seguimos nosotros pensando que el dios del cristianismo es bueno y misericordioso después de que lo vemos sacrificando a su propio hijo en una cruz y amenazándonos a nosotros —pobres hormigas humanas— con un infierno en el que nos abrasaremos eternamente?

Dejemos el tema religioso para el próximo capítulo, cuando expliquemos las diferentes estrategias de los dioses para lograr de nosotros lo que quieren. Digamos ahora, para terminar este capítulo, que si bien esta energía vital de la que venimos hablando y que se libera en la cremación se halla presente tanto en el reino animal como en el vegetal, en el primero se halla no solo en mayor abundancia sino en una forma o en un nivel superior, que parece que agrada más a ciertos seres más evolucionados del cosmos, que podríamos llamar «dioses superiores», mientras que la energía vital que se desprende de la cremación de la materia vegetal, aparte de no ser tan abundante, no les agrada tanto a estos «dioses superiores» y está más en la línea de los gustos de otros seres menos evolucionados. Por eso es natural que cuando quieran «holocaustos» de materia vegetal (y han querido varios desde el principio de los tiempos), estos tengan que ser mucho más abundantes, ya que, como dijimos, la materia vegetal libera menos cantidad de esta energía que ellos buscan en nuestro mundo.

Vea el lector este curioso texto, sacado del capítulo 4 del Génesis, versículos 2 al 5, que transcribo solo a título de curiosidad:

> Fue Abel pastor y Caín labrador. Y al cabo del tiempo, hizo Caín a Yahvé una ofrenda de los frutos de la tierra y se la hizo también Abel de los primogénitos de su ganado, de lo mejor de ellos. Y agradóse Yahvé de Abel y de su ofrenda, pero no de la de Caín.

Este capricho de Yahvé o esta discriminación tan injusta, ¿no se debería a esto mismo que estamos diciendo?

QUÉ BUSCAN LOS DIOSES

A modo de resumen, estas son las diversas cosas que los dioses buscan entre nosotros:

1.º Buscan, en primer lugar, las ondas que produce un cerebro humano excitado (sobre todo atormentado).

2.º Buscan las «ondas de la vida», es decir, la energía que desprende un cuerpo viviente cuando muere violentamente.

3.º Buscan las ondas que desprenden todas y cada una de las células, que todavía siguen vivas durante un buen rato después de que el hombre o el animal haya muerto.

4.º Buscan la sangre derramada, porque cuando está fuera del cuerpo, libera muy fácilmente una energía que ellos quieren.

Pensemos ahora en un hombre que va a ser inmolado a un dios (¡y cuántos cientos de miles lo han sido a lo largo de milenios!):

— El terror y la desesperación de aquel pobre hombre proporciona a los dioses lo primero que buscan.

— La muerte violenta (generalmente por decapitación) proporciona lo segundo que buscan.

— Con la cremación del cuerpo consiguen lo tercero que buscan.

— Y un río de sangre es el fruto natural de estas sagradas bestialidades con las que los hombres hemos sido engañados durante milenios como niños...

Aparte de esto, estamos seguros de que hay más cosas que ellos buscan y consiguen en sus visitas a nuestra dimensión, y que pasan inadvertidas para nosotros, y muy probablemente no las entenderíamos aunque nos las explicasen[14].

---

14 He aquí cómo John Baines ve y explica desde el punto de vista de su filosofía hermética estas mismas ideas:

«El *sapiens,* en su lucha inclemente por la existencia, hace que su aparato emocional y nervioso elabore ciertos elementos incorpóreos, pero de una extraordinaria potencia, que "abandonan" el cuerpo humano en forma de vibraciones que son emitidas por antenas incorporadas en su unidad biológica, las cuales se encuentran orientadas o sintonizadas con la frecuencia de los *Arcontes,* que así "cosechan" esta fuerza y la utilizan con fines que no divulgaremos; volviendo a advertir que, de todos modos, cumplen una función cósmica».

«Es así como el *sapiens* es despojado inadvertidamente del producto más noble producido por él mismo, el destilado final de la experiencia humana..., el "caldo aurífero" de su vida».

«El *sapiens* debe nacer, sufrir, amar, gozar, reproducirse, construir civilizaciones, destruirlas, enfermar y morir, solo para beneficio de potencias superiores invisibles, quienes capitalizan el "producto vital"».

«El *sapiens* es, por lo tanto, un esclavo a perpetuidad. No obstante, ejemplares individuales o aislados (separados del grupo), pueden llegar a ser libres». (*Los brujos hablan.* Kier).

LOS JUEGOS DE LOS DIOSES

Confieso que, en un principio, el título de este capítulo estaba destinado para ser el título de todo el libro; pero dos cosas me hicieron cambiar de opinión. La primera fue que no tenía una certeza absoluta de que las actividades de los dioses en nuestro planeta fuesen exclusivamente por juego, ya que vislumbro también en ellas el cumplimiento de otras leyes cósmicas profundas que escapan a nuestra comprensión. La segunda razón fue el haber visto en forma de manuscrito, para ser publicado por una editorial barcelonesa, un libro de Erich Von Daniken, cuyo título es *La estrategia de los dioses*, en el que supuse que el prestigioso autor trataría, desde su punto de vista, este mismo tema[15].

---

15 Después de publicado por la editorial Plaza & Janes, he podido ver que Daniken se limita a narrar diversos viajes (para confirmar su tesis de la intervención extraterrestre) sin entrar ordenadamente y a fondo en el lema del título.

Para evitar toda comparación, y para dar en cierta manera un paso adelante en la presentación del tema, escogí para el libro el título que en la actualidad tiene. Y tengo que confesarle al lector que me llevé otro sobresalto cuando, regalado por su mismo autor, llegó a mis manos el libro *La gran manipulación cósmica*, de Juan G. Atienza.

Conociendo la profundidad del pensamiento de Atienza, temí que no me dejase nada por decir. Y en realidad así es, pues Atienza trata el tema en toda su hondura; pero mientras él lo trata como un historiador o sociólogo, filosofando sobre muchos hechos de la vida para confirmar su tesis —con la que comulgué totalmente—, yo, de una manera más vulgar, me fijo específicamente en ciertos hechos, haciendo de ellos la médula de trabajo.

Y antes de entrar de lleno en el tema de este capítulo, quisiera recomendarle al lector el libro de Fernando Jiménez del Oso titulado *El síndrome OVNI* (Planeta, 1984), donde el conocido productor de televisión presenta en profundidad el fenómeno ovni, muy por encima de la miopía con que todavía algunos insisten en presentarlo. Jiménez del Oso demostró ser un excelente psicólogo, ahondando en el fenómeno más que ningún otro autor en lengua castellana, sin dejarse absorber por el torbellino de absurdos con los que inevitablemente uno se encuentra cuando se adentra en el tema.

EXPLICACIÓN DE SUS ESTRATEGIAS

Hecho este paréntesis a propósito del título del libro, en este punto trataré de mostrar cómo los dioses, a lo largo de los siglos, han ido logrando que toda la humanidad —la de hoy y la de tiempos pasados— se amoldase a sus deseos e hiciese lo que a ellos les convenía. En otras palabras, trataremos de mostrar la estrategia que los dioses han usado para lograr que unos seres inteligentes como los seres humanos hagan *«voluntariamente» y sin darse cuenta de que son manipulados* lo que los dioses quieren.

Recordará el lector que, de una manera genérica, dijimos que estos misteriosos seres interferían en nuestras vidas por placer y en cierta manera por necesidad (por lo menos mientras están en nuestro mundo o en nuestro nivel). Dijimos también que buscaban la sutil energía que produce la máquina más maravillosa que existe en nuestro mundo, que es el cerebro o la mente humana[16]. Y dijimos que además se interesaban en el manipuleo de algunas vísceras de los vertebrados de este planeta y, de una manera particular, en su sangre, porque libera fácilmente una energía que ellos necesitan o les apetece mientras están entre nosotros.

Veamos ahora cuáles pueden ser en teoría los métodos más eficaces para lograr estos fines.

En las baterías de los automóviles, vemos cómo están colocados, unos al lado de otros, una serie de vasos, cada uno de los cuales es capaz de retener y de devolver una determinada cantidad de corriente eléctrica. La batería consiste fundamentalmente en conservar, unificar y devolver unificada toda la energía contenida fragmentariamente en cada uno de los vasos que la componen. Naturalmente, a mayor cantidad de vasos, mayor será la energía que esa batería podrá devolver.

Cada cerebro humano produce y contiene una relativamente pequeña cantidad de energía que, considerada

---

16 Cerebro y mente son en realidad dos cosas completamente diferentes. La mente trabaja a través del cerebro, pero puede prescindir de él. Para no complicar las cosas he preferido usar las dos palabras indistintamente.

independientemente, apenas tiene fuerza para nada que no sea hacer funcionar la máquina biológica que es el cuerpo humano al que pertenece ese cerebro. Volviendo a la comparación de antes, si separásemos un vaso de la batería, con toda seguridad él solo no podría hacer arrancar el motor del coche. Pero junto con todos los demás vasos, sí es capaz de hacerlo arrancar; y si lo juntamos con muchos otros vasos, llegará a tener fuerza suficiente como para levantar el coche en vilo.

La energía producida por un solo cerebro humano es de poca utilidad para los dioses, pero unida con las energías de muchos otros cerebros, se hace mucho más poderosa y al mismo tiempo más fácilmente extraíble y utilizable. *Lograr unir las mentes de muchos humanos ha sido desde siempre una de las estrategias de los dioses.*

Y esta estrategia está dirigida a unir no solo sus mentes sino también sus cuerpos, de modo que muchos de ellos estén reunidos en el menor espacio posible. Eso facilita su propósito de «ordeñar» energéticamente a los humanos. A un ganadero productor de leche no le sale a cuenta tener las vacas diseminadas por el monte, teniendo que ir a ordeñarlas una por una, donde se encuentre cada una. Lo que hace, para ahorrar tiempo y esfuerzo, es tenerlas a todas juntas en el establo, con lo que su labor se le facilita muchísimo.

Las religiones

Para lograr el mismo fin, los dioses idearon uno de los fenómenos sociológicos más antiguos que registra la historia: las religiones.

Fíjese el lector en este curioso detalle: cuando los pueblos primitivos no habían desarrollado casi ningún arte, ni había atisbo de que poseyesen algo que pudiese considerarse como una cultura, practicaban algún tipo de religión, hasta tal punto que los arqueólogos, cuando estudian los restos de un pueblo, por primitivo que sea, lo primero que buscan y que encuentran es algún objeto o resto relacionado con su religión. Uno tiene derecho a pensar que de lo último de lo que deberían preocuparse aquellos seres con unas inteligencias rudimentarias es de practicar alguna religión, acosados como estaban por el hambre, por las inclemencias del tiempo y hasta por las fieras. Y sin embargo, vemos con asombro que, de una manera o de otra, sus cuerpos se reunían en determinados lugares para sacrificar animales y sus mentes se unían para pedir, para aplacar, para alabar y para temer... Porque los dioses siempre han dado una de cal y una de arena; han ayudado, pero han amenazado y han castigado si no se obedecían sus mandatos. Así mantenían un temor y una expectación que les ayudaban a conseguir lo que querían de los hombres.

Dejando a un lado a los hombres primitivos, podemos ver que las religiones son el instrumento perfecto aun hoy día para lograr estos fines.

La idea que estoy exponiendo saltó a mi mente cierta noche ventosa, fría y húmeda, cuando desde una altura contemplaba la multitud concentrada en la gran explanada que se extiende ante el santuario de Fátima. Los cientos de miles de velas en la oscuridad me parecieron por un momento chispas que brotaban de aquellas almas enfervorizadas por el amor a la Virgen y de aquellos cuerpos martirizados por el frío húmedo que se metía hasta los huesos. Recuerdo que hasta miré hacia arriba por si lograba ver a los vendimiadores de toda aquella energía, tan fácilmente recogible por lo apiñada y por lo a flor que la tenían los allí presentes. Mis ojos solo pudieron ver el negro cielo claveteado de estrellas. Pero ¡qué inmensa batería se extendía a mis pies! Cada una de aquellas mentes aportaba su amor, sus ansias, sus deseos, sus angustias, sus remordimientos, sus esperanzas... y su dolor; la gran mortificación que indudablemente sentían en aquel momento, calados de frío, de humedad, y probablemente de hambre y de cansancio. Pero con gusto ofrecían todo aquello, movidos por su fervor religioso. Por eso dije anteriormente que aquella energía es fácil de recoger, porque los que la tienen están deseosos de entregarla.

La religión —en sus muchos aspectos y considerada en conjunto— es un formidable instrumento para lograr los estados de ánimo principales en los que nuestro cerebro es capaz de emitir esa energía que interesa a nuestros visitantes. Y advierto al lector que esa energía no es una invención mía, sino que es algo de lo que cada vez se habla más, no solo en el campo de la parapsicología (telergias, etc.), sino en el campo de la medicina más avanzada. El Dr. Simonton en Estados Unidos ha curado cánceres con energías mentales, al igual que el Dr. Benjamín Bibb lo ha hecho con todo tipo de enfermedades, y el mexicano José Silva creó una verdadera escuela en la que el estado alfa cerebral ha logrado verdaderos milagros.

Estos estados de ánimo más propicios para que la mente humana emita esas energías son el *dolor* con sus muchas facetas, la *excitación,* también posee muchos aspectos, y la *expectación* cuando es profunda y sobre todo constante.

Veamos cómo todas las religiones propician estos estados de ánimo y fijémonos de una manera particular en el cristianismo.

La persona que tiene un espíritu profundamente religioso es un hombre expectante. Y más en el cristianismo, donde la muerte se pone como «el momento del que pende la eternidad»; la eternidad feliz o la eternidad entre tormentos.

En cientos relatos autobiográficos recogidos por autores como E. D. Starbuck («*Psychology of Religion*»), William B. Sprague («*Lectures on Reviváis on Religion*»), George A. Coe («*The Spiritual Life*») o el Dr. Leuba («*Studies the Psychology of Religious Phenomena*»), constantemente nos tropezamos con individuos que sentían una profunda inquietud por dedicar sus vidas enteramente al servicio de Dios; y ello motivado fundamentalmente por el deseo de asegurar su «salvación eterna». Cuando este estado de ánimo se sobreimpone a todos los demás (aparte del desquiciamiento que puede acarrear para todo el psiquismo), el individuo suele terminar en la llamada «vida contemplativa», es decir, un estado de vida en el que el ánimo del contemplativo se desinteresa de los problemas de esta vida y, mientras trata de perfeccionar su alma, se dedica a esperar el momento de encontrarse con Dios. Es el estado de ánimo que resume genialmente la frase de Santa Teresa: «Que muero porque no muero».

Aparte de este estado de ánimo, en la vida de una persona profundamente religiosa hay muchos momentos en los que el alma se carga de emoción. A lo largo de los siglos, todas las religiones y todas las sectas han ido desarrollando —con toda buena voluntad— diversos mecanismos para lograr estos estados emotivos con los que se intenta acercar más el alma a Dios y ponerla más incondicionalmente a su servicio: todos los «ejercicios espirituales», retiros, cursillos, reavivamientos, impactos, etc. son ejemplos de esto.

Esta expectación, en muchos espíritus débiles o enfermizos, es algo que raya en la angustia y a veces en la desesperación, tal como podemos ver repetidamente en los autores antes citados. Y al decir esto, entramos en otro campo con el que las religiones tienen mucho que ver: el dolor. Las religiones, sin exceptuar al cristianismo, si bien es cierto que para mucha gente han sido consuelo en las muchas tribulaciones de la vida y hasta causa de muchas alegrías al proporcionar una seguridad y una paz internas, nadie puede negar que son también causa de muchos sinsabores y molestias en la vida de las personas y de muchísimo dolor físico y moral en las vidas de los pueblos, tal como enseguida veremos.

Los sinsabores y molestias que en nuestra vida diaria nos causa la religión, como hemos sido educados con ellos desde nuestra infancia, los consideramos como algo completamente natural y por eso apenas lo notamos. Sin embargo, si los observamos en otras religiones con las que no nos unen lazos sentimentales o que no tienen nuestras mentes condicionadas, los vemos inmediatamente.

Imagine el lector por un momento que su religión le prohibiese comer carne de vaca, o de puerco, o cualquier tipo de marisco, o que obligase a las mujeres a vestir siempre de falda larga y con la cara tapada, o que no permitiese casi actividad alguna durante todos los sábados del año, o que exigiese abstenerse de comer durante el día un mes cada año, o que obligase a los hombres a andar siempre con la cabeza cubierta, o que no permitiese a ciertas personas nacidas en determinada clase social baja hacer nada por salir de ella, o que prohibiese radicalmente casarse con alguien que no practicase la misma fe, o que no tolerase beber vino o cualquier bebida que contenga algo de alcohol, por poco que sea, o que exigiese que los vestidos fuesen siempre de una sola clase de tela, etc. Todo esto y muchísimas otras cosas (por ejemplo, en el jainismo no se puede quitar uno de encima un mosquito que le está picando) han sido prohibidas o exigidas por una u otra religión. Y no se puede decir que son sectas de locos; todas las prohibiciones y mandatos arriba citados son de las religiones más extendidas y venerables del mundo, y la mayor parte de ellos pertenecen a religiones anteriores al cristianismo, es decir, con varios milenios de existencia.

Trasponga el lector alguno de estos mandamientos a nuestra sociedad y a nuestras circunstancias: ¿se imagina el suplicio que sería para una mujer española el verse obligada hoy a vestir siempre de traje largo hasta los pies, y no poder disfrutar de la playa o por lo menos de algún vestido que, sin ser inmodesto, le ayudase a liberarse un poco de los calores del verano? ¿Se imagina el lector lo que sería verse impedido de por vida de comer ninguna clase de marisco y, por añadidura, no poder tampoco comer carne de cerdo? Pues este es el panorama culinario que tienen delante de sí los judíos practicantes, aparte de muchísimas otras peculiaridades restrictivas y absurdas a que fueron sometidas hace ya casi 2000 años por su «protector» Yahvé.

Los cristianos hemos tenido también durante muchos siglos nuestra participación en estos mandamientos importunos con los ayunos cuaresmales, las abstinencias de carne durante todos los viernes del año hasta hace muy poco tiempo (lo cual motivó que el dios bacalao pasase a ocupar un lugar prominente entre los dioses lares hispánicos), las normas de la decencia cristiana (con las que los señores obispos evitaron durante muchos años que el sol tostase nuestras pecadoras carnes), la prohibición de separarse del cónyuge (aunque el cónyuge, con el paso de los años, se hubiese convertido en un energúmeno), etc. «La voluntad de Dios» parece que estaba reñida con la felicidad y los gustos humanos.

En la Edad Media, cuando la Iglesia con sus mandamientos y preceptos tenía una total influencia en la sociedad, parece que estaba prohibida la alegría de vivir, y daba la impresión de que todo lo realmente sabroso era pecado. Era la lógica consecuencia de la filosofía del «valle de lágrimas» que tan bien se expresaba en aquel hipocondríaco canto de nuestra infancia: «Perdona a tu pueblo, Señor... No estés eternamente enojado». (¡Qué triste futuro para la humanidad con un Dios tan cascarrabias!).

Y nadie puede negar que en la ascesis cristiana, el medio más seguro para llegar a una verdadera amistad con Dios es el renunciamiento, la mortificación, la «muerte al mundo y a sus vanidades», los votos de pobreza, castidad y obediencia (es decir, la renuncia a tres grandes valores humanos como son la libertad, el bienestar económico y el sexo), etc. Recuerdo no pocas veces cómo en mi estudio de los místicos, durante mis años de preparación para el sacerdocio, mi alma se llenaba de angustia cuando leía los encendidos párrafos con los que muchos de ellos instan al cristiano a desprenderse de todo si quiere ser un perfecto seguidor de Cristo. Oigamos a San Juan de la Cruz:

> Y para mortificar y apaciguar las cuatro grandes pasiones naturales, que son gozo, esperanza, temor y dolor, de cuya concordia y pacificación salen estos y los demás bienes, es total remedio lo que sigue, y de gran merecimiento y causa de grandes virtudes:
>
> Procure siempre inclinarse: no a lo más fácil, sino a lo más dificultoso; no a lo más sabroso, sino a lo más desabrido; no a lo más gustoso, sino antes a lo que da menos gusto; no a lo que es descanso, sino a lo trabajoso; no a lo que es consuelo, sino antes al desconsuelo; no a lo más, sino a lo menos; no a lo más alto y precioso, sino a lo más bajo y despreciado; no a lo que es querer algo, sino a no querer nada; no a andar buscando lo mejor de las cosas temporales, sino lo peor y desear entrar en toda desnudez y vacío y pobreza por Cristo de todo cuanto hay en el mundo.
>
> («*Subida del monte Carmelo*». Libro 1.º, capítulo 13,
> 5-6. Ed. Apostolado de la Prensa, S.A. Madrid).

Y el santo continúa «animándonos» a que nos despreciemos y deseemos que otros nos desprecien, a que hablemos en detrimento nuestro y deseemos que otros hagan lo mismo, a que tengamos mala opinión propia y nos alegremos cuando otros la tienen, etc. ¿Para qué seguir? Lo que el santo nos propone, si queremos llegar a ser unos perfectos discípulos de Cristo, es una especie de haraquiri psicológico.

Para los que me digan que esto es distorsionar la ascética y hasta la misma vida cristiana, les diré que me doy cuenta de que el pensamiento de los místicos es algo así como una superespecialización de la vida cristiana; pero mis críticos tendrán también que admitir que esta superespecialización es también una culminación y está en línea con el pensamiento general de toda la ascética cristiana. Y si no, ahí está para probarlo el gran símbolo y signo del cristianismo: la cruz. La cruz no es símbolo de placer ni de vida; la cruz es símbolo de muerte y de dolor. Y la cruz está y ha estado siempre en el centro del cristianismo[17].

Y si del cristianismo nos vamos a otras religiones, nos encontramos con el mismo fenómeno. En ellas, el concepto de ascesis de crecimiento espiritual está muy relacionado con el dolor. Un prueba de ello son las macabras imágenes que todos hemos contemplado en el cine o en revistas de penitentes

---

17 Confirmando esto, y como una culminación a todo este simbolismo masoquista, están los hechos de Dozulé, una pequeña localidad de Normandía en la que una vidente recibió el mensaje de levantar una gigantesca cruz de 738 metros de altura con unos brazos de 123 metros cada uno (!). A pesar de lo descabellado del mensaje, hay [en 1984] varios proyectos de una comisión que se ha tomado muy en serio el asunto, de modo que, tal como dijo la aparición, «todos los que vengan a arrepentirse al pie de esta Cruz serán salvados».

hindúes que mediante garfios enganchados en su carne arrastran pesadas carrozas con las imágenes de sus dioses. Y sin que tengamos que irnos tan lejos, a lo largo de la geografía española e hispanoamericana tenemos las bárbaras procesiones de flagelantes histéricos y sangrantes durante la Semana Santa. Y no digamos nada de yoguis, lamas y gurúes, cuyas vidas son el trasunto de lo que más arriba nos predicaba San Juan de la Cruz. Todas las grandes religiones parece que tienen como doctrina común el hecho de que para perfeccionarse hay que renunciar a esta vida. «El dolor lleva a Dios» parece ser un lema en todas ellas.

Sería caricaturizar el tema el hecho de tomar en serio lo que decía un humorista —aunque hay que concederle no poca razón—: «Dios hizo la mañana del domingo para dormirla; pero sus representantes nos la echan a perder con la Santa Misa». Pero en detallitos como este no podemos dejar de ver lo que antes decíamos: que religión y los líderes religiosos parece que no ven con buenos ojos que los humanos gocen de la vida con plenitud. En un «valle lágrimas», como que no se ve bien el placer.

Otro aspecto curioso de las religiones es que propician dos cosas que, siendo en sí contrarias, son sin embargo buscadas por los dioses. Las religiones, tal como acabamos de decir, unen a las personas tanto física —recordemos las grandes concentraciones religiosas en los santuarios— como ideológica o mentalmente. Pero al mismo tiempo que logran esta unión —cosa que como vimos conviene mucho a los dioses—, consiguen la desunión e incluso el odio hacia todos aquellos que, por profesar una religión diferente, no piensan igual. Enseguida hablaremos de este aspecto.

GUERRAS

Dejemos por un momento la consideración sobre el fenómeno religioso y fijémonos en otra de las grandes estrategias que los dioses han usado a lo largo de toda la historia humana para conseguir lo que quieren. Y digo que lo dejaremos por un momento, porque enseguida volveremos a insistir en la religión, ya que todavía queda mucho que decir de ella como invención e instrumento de los dioses, y porque tiene mucha relación con el tema que inmediatamente vamos a tratar. La estrategia a la que me refiero son las guerras.

Un visitante de otro mundo evolucionado que viniese al nuestro y se interesase por saber cuál ha sido la historia de los hombres sobre este planeta se quedaría pasmado ante un hecho tan repetido, tan absurdo, tan doloroso y tan perjudicial como son las guerras. Y a pesar de ello y contra toda razón, la historia humana está plagada de guerras de todos tipos. Hoy día, cuando poseemos una tecnología muy sofisticada, la ponemos toda al servicio de la guerra y somos capaces de matar a más gente en un segundo de lo que antes hacíamos en un siglo. La electrónica, la química y la ingeniería más avanzadas, antes de ponerse al servicio de la gente común para que mejoren sus vidas y faciliten su trabajo, caen en poder de los individuos que en cada país ocupan las altas posiciones militares, y se ponen incondicionalmente al servicio de la guerra. Los «Pentágonos» de cada país —en los que no es raro que haya individuos con mentalidad paranoide— planifican concienzudamente las matanzas humanas que eventualmente tendrán que hacer, por supuesto por motivos «patrióticos». Todos los que planean y dirigen las guerras (y en caso de que no fuese suficiente con los militares, «Dios» nos manda con frecuencia civiles como Ronald

Reagan) creen ser unas dignísimas personas que actúan por muy altos motivos.

Nunca he entendido la «mentalidad castrense», ni me he explicado cómo personas honestas pueden escoger gustosa y voluntariamente la «carrera de las armas». Los militares, lo mejor que pueden hacer, es no hacer nada; porque si hacen lo que saben hacer, harán la guerra. Y la guerra —hoy más que nunca—, la de bombas y de balas y de hambre y de sangre, es siempre mala. Por lo tanto, ¿por qué escoger una carrera cuyo fin natural es la violencia y cuya culminación lleva a la destrucción y a la muerte de otros seres humanos?

Pero ya dijimos que lo que se tiene en mente para cohonestar la guerra es la patria, alrededor de la cual la mente humana ha sido cuidadosamente manipulada y condicionada desde el nacimiento, hasta el punto de perder toda perspectiva y ver a todos aquellos que no son compatriotas como unos enemigos en potencia en lugar de como seres humanos exactamente iguales a nosotros[18].

Si, como dijimos, lo que los dioses por un lado buscan es dolor, excitación y terror como medio para que los cerebros humanos produzcan las ondas que a ellos les interesan, y si por otro lado, lo que quieren es vidas humanas tronchadas violentamente, y mejor si es con derramamiento de sangre,

---

18 He aquí lo que Albert Einstein pensaba sobre el particular: «Con esto paso a hablar del peor engendro que haya salido del espíritu de las masas: el ejército, al que odio. Que alguien sea capaz de desfilar muy campante al son de una marcha, basta para que merezca todo mi desprecio, pues ha recibido cerebro por error: le basta con la médula espinal. Habría que hacer desaparecer lo antes posible esa mancha de la civilización. ¡Cómo detesto las hazañas de sus mandos, los actos de violencia sin sentido y el dichoso patriotismo! ¡Qué cínicas, qué despreciables me parecen las guerras! ¡Antes me dejaría cortar en pedazos que tomar parte en una acción tan vil!» (Albert Einstein. *Mi visión del mundo*. Tusquets editores).

entonces tendremos que estar de acuerdo en que la guerra es otro instrumento perfecto para sus fines.

Imagínese el lector, en cualquiera de las numerosas grandes batallas de la historia, un campo sembrado de cadáveres y de hombres heridos y agonizantes desangrándose lentamente. Y recuerde el lector que en este caso «imaginar» no quiere decir inventar con su imaginación, sino sencillamente recordar un hecho o cientos de hechos que sucedieron en la realidad. Imagínese ¡qué banquete, para estas sanguijuelas y para estos dráculas del espacio! Y ¡qué bien han sabido ellos comerles el cerebro a tantos ilustrísimos de la historia, hasta llegar a convencerlos de que la defensa de la democracia, el honor, la dignidad, la patria, los valores morales, la hacienda o la religión exigían una matanza! Y de nuevo estamos barajando la palabra «religión», porque, guste o no, la religión ha sido una de las mayores causas de guerras que encontramos en la historia, con el agravante de que las ocurridas por cuestiones religiosas tienen en sí una ferocidad especial: ¡se trata nada menos que de exterminar a los enemigos de Dios! Y como para defender la honra de Dios todo es lícito —al menos eso piensan todos los fanáticos—, las atrocidades que se cometen en las guerras por causas religiosas no tienen paralelo.

Protestantes contra católicos y viceversa, mahometanos contra cristianos, hindúes contra mahometanos, hebreos contra amalecitas y demás pueblos de la «tierra prometida», y todo el mundo contra los judíos. Y dentro de las propias religiones, los fanáticos constituidos en autoridad, organizando toda suerte de tribunales eclesiásticos, Santos Oficios o Inquisiciones para, siempre en nombre de Dios y defendiendo su doctrina, acabar con todos los herejes, brujos, iluminados y reformadores. Se habla mucho de la Inquisición española, y con razón, pero la gente no sabe de las feroces inquisiciones protestantes y de las no menos «santas» inquisiciones islámicas en las que a veces ardieron los más fervientes servidores de Mahoma.

Y esto no es cosa del pasado. En la actualidad, como restos de la negra historia de las guerras religiosas y de las guerras santas, tenemos los casos de Irlanda del Norte, donde el odio religioso —cristiano por más señas— tiene ya caracteres de enfermedad mental, y es como el rescoldo de toda la contienda patriótica que se ventila en la superficie; el caso de la India contra Paquistán —hindúes contra mahometanos—; o el caso de Irán-Irak, porque en el seno del Islam hay las mismas guerras fraternales y santas que tenemos en el cristianismo.

De los manuales de historia que estudiamos en nuestra juventud recordamos perfectamente aquellos tediosos capítulos dedicados a las que se llamaban «guerras religiosas». Las religiones, que habían comenzado predicando el «amaos los unos a los otros», y siendo el lazo de unión de muchos pueblos entre sí, degeneraban en odio hacia quienes tenían la misma idea de Dios, y en algo tan absurdo como son las «guerras santas» —en sus propios términos—, con las cuales los mahometanos inundaron de sangre, durante ocho siglos, a tres continentes.

He aquí la manera cándida con que la B'nai Brith —literalmente «hijos del pacto», organización contra la difamación antijudía— enfoca todo este mismo tema en su folleto «Hechos relativos a las mentiras sobre los judíos», donde nos da la razón:

> El sionismo ortodoxo empezó con el mandato divino hecho de nuestro primer patriarca (Abraham): «Levanta tus ojos desde el lugar en el que estás y mira hacia el norte, hacia el sur, hacia el este y hacia el oeste, porque toda la tierra que ves yo te la daré a ti y a tus descendientes». Estas pala-

bras, que constituyen nuestro derecho a Palestina, no provienen de la Declaración Balfour [hecha por los ingleses]; estas palabras provienen de la Biblia. Nuestro asentamiento en Palestina es una orden divina que tiene que ser observada como un mandamiento.

Estas increíbles palabras, que rezuman fanatismo, son comentadas así por el autor Lloyd M. Graham en su libro *Deceptions and Myths of the Bible* (Bell, Nueva York):

El robo de un país entero (Palestina) y un millón de árabes hambrientos y sin patria, esto es lo que ha traído como resultado la creencia en mitos. A la Biblia en vez de «la palabra de Dios» habría que llamarle «las obras del diablo». Su astucia es tan diabólica que ha tenido engañada al mundo entero por más de 2 000 años, y sus consecuencias han sido dieciséis siglos de tinieblas, cruzadas e inquisiciones, prejuicios y fanatismos, y en la actualidad una guerra en el mismo lugar donde todos estos mitos se originaron. Creo que ya va siendo hora de que nos libremos de un libro causante de tantos enredos. Y creo también que ya va siendo hora de que analicemos a fondo aquella frase tan repetida en la Biblia: «Y dijo Dios...».

En cierta manera, las guerras son la culminación de todas las estrategias de los dioses; y muchas de las otras que vamos a considerar a continuación no son sino pasos previos o preparativos que poco a poco nos llevan a las guerras, porque en ellas es donde el hombre produce exactamente lo que de él quieren los dioses.

Pasemos ahora a considerar otra de estas estrategias que han sido y siguen siendo en la actualidad causa de muchas guerras y que son uno de los principales impedimentos para que los hombres nos entendamos mejor.

PATRIAS

Un poco antes tocamos superficialmente el tema de las patrias. Si profundizamos un poco en este asunto, que para muchos individuos de mente cerrada es un tema «sagrado», veremos enseguida que, a pesar de la solemnidad y de la sacralidad con las que se lo ha querido investir, es algo completamente artificial y fruto, en muchísimas ocasiones, de meras ambiciones de caudillos del pasado, de puros accidentes geográficos o sencillamente de la suerte. Un niño orensano, por ejemplo, imbuido por lo que oye en su hogar y adoctrinado en la escuela con las enseñanzas tradicionales, deberá automáticamente extender su amor unos 500 kilómetros hacia el este, es decir, a todos los habitantes de España que viven en esa dirección; 150 kilómetros al norte y 100 al oeste, porque allí se acaba la patria y comienza el mar; y tendrá que tener cuidado en ser muy parco en su amor hacia el sur, porque en esa dirección están cerca los portugueses, ¡y estos son extranjeros!; más bien —según los patrióticos manuales de la escuela— fueron unos traidores e ingratos, pues se separaron del regazo de España[19].

¡Y resulta que los portugueses del norte son mucho más próximos racialmente, históricamente y hasta lingüísticamente a los orensanos que los valencianos o los catalanes,

---

19 Como dato histórico hay que decir que Portugal y España serían hoy una gran nación ibérica, de no haber sido por las necedades de Felipe IV que colmaron la paciencia de los portugueses.

hasta los que el niño tiene que extender su amor! Las líneas fronterizas de las naciones, que vemos en los mapas, no son más que la absurda caligrafía de la historia.

Es curioso cómo este sentimiento, hasta cierto punto lógico y natural, de amar a los que uno tiene al lado, se hace enfermizo, irracional y propenso al desprecio de los «extranjeros», y curiosamente se amolda con exactitud a unos límites que en muchísimos casos son antinaturales y en muchos otros han sido trazados por aventureros ambiciosos o por bribones ilustres. Y es también curioso ver cómo los hijos de los emigrantes, con unas milenarias raíces étnicas y lingüísticas totalmente diferentes, suelen ser más patriotas que los autóctonos del país, olvidándose rapidísimamente del originario país de sus antepasados.

Uno no puede menos que tener la impresión de que hay algo o alguien que manipula este sentimiento —que, como hemos dicho, es lógico— y lo exacerba y exagera hasta convertirlo en irracional, de modo que se defiendan con más ardor los defectos de la patria que las virtudes de la nación vecina.

DIVERSIDAD DE LENGUAS

Junto al fenómeno de las patrias tenemos otro hecho histórico omnipresente que, si bien tiene su aspecto perfectamente natural, posee otra cara en la que se puede también sospechar la disimulada intervención de los dioses: la enorme diversidad de lenguas que se hablan en el planeta.

Los lingüistas tienen sus explicaciones válidas para convencernos de que el proceso de la creación de lenguas es un proceso natural, y no tenemos inconveniente ninguno en admitirlo. Pero tenemos que recordar lo que ya anteriormente hemos dicho: los dioses, en sus interferencias en las vidas de los hombres, *usan muchas veces los fenómenos naturales para lograr lo que quieren*, sin que los hombres caigamos en la cuenta de su intervención; no caemos en la cuenta de su juego precisamente porque creemos que el fenómeno es perfectamente natural, cuando en realidad, sin dejar de ser natural, ha sido en cierta manera forzado y manipulado para lograr lo que pretenden. Y viceversa, *muchas veces fenómenos que son totalmente naturales —pero desconocidos por nosotros— nos los presentan como «milagros» o hechos portentosos* debidos a su gran poder, con lo que nos impresionan y nos fuerzan a hacerles caso.

Pero volvamos al fenómeno de la diversidad de lenguas. Le confieso al lector que tenía un poco olvidado lo que la Biblia dice sobre este particular, y cuando fui a consultarla para ver qué era lo que decía, me encontré con lo siguiente:

> Era la Tierra toda de una sola lengua y de unas mismas palabras... y dijeron [los hombres]: «Vamos a edificar una ciudad y una torre cuya cúspide toque a los cielos y nos haga famosos, por si tenemos que dividirnos por sobre la faz de la Tierra».
>
> Bajó entonces Yahvé a ver la ciudad y la torre que estaban haciendo los hijos de los hombres y se dijo: «He aquí un pueblo unido pues tienen una sola lengua. Se han propuesto esto y nada les impedirá llevarlo a cabo. Bajemos pues y confundamos su lengua de modo que no se entiendan unos a otros».
>
> Y los dispersó Yahvé por toda la faz de la Tierra. (Gen 11.1-9).

Por supuesto que no me voy a apoyar en este texto para «probar» lo que estoy diciendo. Dado mi pensamiento sobre la Biblia, sería una total contradicción. Pero no deja de ser curioso que la Biblia corrobore de una manera tan descarada una idea que había asaltado a mi mente como una consecuencia lógica de muchos otros hechos de los que no podemos tener duda alguna. Y de paso, observe el lector el talante de nuestro «padre» Yahvé, perpetuamente celoso de la felicidad y del progreso de los hombres, y perpetuamente al acecho para ver en qué los podía fastidiar. (Como no fuese a sus niños mimados los israelitas, a los que a pesar de ello les propinaba también con cierta frecuencia sendos varapalos...).

La última frase que vemos en el texto antes citado es la consecuencia lógica de la diversificación de las lenguas: el «no entenderse», es decir, la falta de comunicación, propicia no solo la separación física sino también la separación anímica, lo cual puede degenerar —y de hecho ha degenerado— en último término en odios, malentendidos y guerras.

De las lenguas podemos decir lo mismo que dijimos de las religiones: si por un lado son un instrumento para unir a los pueblos, por otro lo son para separar a estos pueblos de otros que hablan otras lenguas diferentes.

Y también quiero hacer notar una cosa: la hasta ahora insalvable dificultad que ha existido para que los hombres nos pusiésemos de acuerdo para crear una lengua común. Nos hemos puesto de acuerdo en cosas que conllevaban una mayor dificultad (pesos y medidas, línea del tiempo, calendario, zonas aéreas y marítimas internacionales, telecomunicaciones, etc.), pero todos los tímidos intentos que en las Naciones Unidas ha habido para encontrar una lengua común han fracasado antes incluso de ser tomados seriamente en consideración. Vemos las fuertes razones que hay para que las respectivas naciones se nieguen a abandonar sus actuales lenguas, pero no se trata de eso. Se trata sencillamente de que los lingüistas hagan de una manera más completa y profesional lo que el Dr. Esperanto intentó hacer hace más de un siglo, es decir, crear una nueva lengua artificial y neutral que sea usada como segunda lengua por todos los habitantes cultos del planeta. Cada uno, al igual que cada nación, seguiría usando su propia lengua, pero en las relaciones internacionales la lengua común sería la única que se usaría. Y de la misma manera, los turistas y todos aquellos que por negocios tuviesen que salir de su patria, no tendrían que estar aprendiendo diversas lenguas —sin llegar a aprender bien ninguna—, sino que concentrarían sus esfuerzos en aprender esta lengua internacional con la que podrían entenderse en cualquier parte del planeta.

Además esta lengua, creada artificialmente y por especialistas, podría ser mucho más sencilla, sin las irregularidades e infinitas excepciones que plagan todas las lenguas, sin que por otro lado perdiese su capacidad de expresar cualquier idea o sentimiento humano. Con el tiempo esta lengua iría convirtiéndose en la habitual del planeta a medida que la creciente movilidad de los humanos fuese obligándolos a usarla cada vez con mayor frecuencia.

Pero, contra toda lógica, los grandes dirigentes del planeta nunca han querido prestarle atención alguna a algo tan enormemente útil para la humanidad. Prefieren seguir en sus politiqueos, en su buena vida a costa del pueblo y en sus juegos de poder, en los que dan rienda suelta a su paranoia. (Porque no se puede negar que, en la actualidad, desear ser el dirigente de alguna de las grandes naciones significa automáticamente tener una regular dosis de paranoia o de masoquismo).

Y antes de salirme del tema de las lenguas como instrumento de los dioses para dividir y poner a pelear a los hombres entre sí, quiero comunicarle al lector este curiosísimo hecho: entre los toltecas mexicanos existe la historia de que sus antepasados intentaron construir una gran pirámide, y mientras estaban en su empeño, la gente comenzó a hablar repentinamente de manera diversa a como lo habían hecho hasta entonces; de tal manera que no podían entenderse entre sí y por ello tuvieron que abandonar la construcción de la pirámide. Los detalles acerca de esta tradición han llegado hasta nosotros de una manera muy imprecisa, pero nada nos extrañaría que los parientes trasatlánticos de Yahvé actuasen igual que él en circunstancias parecidas.

RAZAS

Otra de las posibles estrategias de que los dioses se han valido para lograr que los hombres no nos entendamos y peleemos entre nosotros son la diversidad de razas que existen en la humanidad.

Confieso que en este particular tengo menos hechos en los que apoyarme, pero no faltan algunos que nos indican que la mano de los dioses ha tenido bastante que ver en toda esta gran diversidad de razas que vemos entre los humanos.

La creencia bíblica de que todos venimos de una sola pareja, creada directamente por el mismo Dios en el Paraíso, es algo totalmente infantil. Las diferentes razas humanas han ido apareciendo en la superficie del planeta a lo largo de millones de años.

Antes de entrar en el tema, tendremos que admitir, de nuevo, que el hecho de que haya diversas razas humanas tiene explicaciones naturales perfectamente lógicas. Pero una vez más nos encontramos con ciertas particularidades que nos hacen sospechar que los dioses han metido su mano en un proceso natural.

Lo primero que las diferencias raciales nos hace ver con toda claridad es la pluralidad de sus orígenes. Las «primeras parejas» aparecieron en épocas diferentes y en lugares diferentes del planeta. Cuando ya algún antropoide o grupo de antropoides estaba a punto de dar el salto o, dicho en otras palabras, cuando entre ellos comenzaban a aparecer mutantes, entonces intervenían los dioses para programarlos genéticamente, de modo que su evolución y su comportamiento fuesen como a los dioses les convenía. De hecho, el Popol Vuh (la «Biblia» de los quichés) habla de diversas tentativas «de los señores» para crear al hombre, y hasta nos habla de intentos fallidos.

Cuando digo que las razas aparecen en la Tierra tras un proceso natural, me refiero a una evolución natural de otras especies no inteligentes. Sin embargo, creo que las claras diferencias entre unas razas y otras se deben no solo a factores naturales sino también a la intervención de diversos «seres superiores» con mayores o menores poderes y con diversos propósitos en mente.

Me imagino que todo esto a muchos les sonará a pura fantasía. Pero les ruego que reflexionen sobre este hecho paralelo del que no tenemos la más mínima duda. Considere el lector la diferencia que hay entre un perro mastín o un alano (con una envergadura de casi un metro) y un chihuahua. Todos son perros y teóricamente podríamos lograr la fecundación de una hembra de mastín por un macho chihuahua (si hubiese alguien tan ingenioso que lograse semejante misión imposible). Pues bien, ¿quién ha hecho tamañas diversidades de perros que tienen un origen genéricamente común? Lo ha hecho un dios: el dios de los perros. Y ¿quién es el dios de los perros? El dios de los perros se llama «hombre».

Los hombres, a lo largo de los siglos, hemos intervenido en la formación de sus razas de acuerdo a nuestros gustos o a nuestras necesidades. Hemos logrado perros para los diversos tipos de caza, perros para defender la casa, perros para carreras, perros para conducir a las ovejas, perros de pata muy corta y muy mal genio (la familia de los salchichas) para que se metan en las madrigueras y saquen a los tejones y a los zorros, y hasta perros para que nos hagan compañía puestos en un cojín y ocupando poco sitio. Los perros no se dan cuenta de esto; pero lo malo es que los hombres tampoco se dan cuenta de que a ellos mismos también los han manipulado de muchas maneras.

Volviendo a las diferencias entre los humanos, otro hecho que llama la atención es ver cómo las diversas razas se circunscriben tan perfectamente a los continentes. África es el continente de los negros; América (que lejos de ser el Nuevo Mundo es el lugar donde se han encontrado los más viejos restos humanos) es el continente de los hombres de piel cobriza, que aunque tengan bastantes diferencias, tienen mucho en común; en la mayor parte de Asia, el rasgo común son los ojos oblicuos y finos; en la India nos encontramos con un color de piel y una fisonomía características. Podríamos señalar una o dos razas mediterráneas. Y por último, los rubios: un pueblo sin prehistoria, que desde las brumas del norte de Europa irrumpió violentamente en la historia hace muy poco tiempo, y que en la actualidad, hablando de una manera general, son los que dominan el mundo. Se diría que son la última creación de los dioses y hasta los más parecidos a ellos, al menos tal como los describen los escritores griegos y romanos, y tal como se han visto en muchas ocasiones en nuestros días, descendiendo de sus vehículos preferidos: los ovnis.

Este es, descrito de una manera muy simple, el panorama de las razas humanas, y vuelvo a decir que no tengo «pruebas» como las que se piden en un tribunal. Y hasta puede ser que me equivoque en algunas de mis apreciaciones. Pero de lo que no tengo dudas es de que mi punto de vista acerca de la aparición del ser humano en el planeta, considerado de una manera general, está mucho más cerca de la realidad que las infantilidades que nos dio la religión o que las simplezas que nos dice la ciencia oficial, que se niega a admitir un sinnúmero de evidencias que nos convencen de que la antigüedad del hombre sobre la Tierra es muchísimo mayor de lo que ella dice[20].

DEPORTES

Fijémonos ahora en otro fenómeno universal que contrasta sobremanera con el que acabamos de analizar: los deportes. La organización internacional de los deportes conlleva una enorme cantidad de dificultades, precisamente por ser todo el tema competitivo en sí mismo. Pues bien, nos encontramos con que los deportes tienen una organización internacional que

---

20 Son muchas las teorías acerca de la formación de las diversas razas humanas, pero a medida que se ha ido traduciendo la enorme cantidad de tablillas mesopotámicas —prácticamente bibliotecas enteras— hemos ido viendo más claramente la directa intervención que en ello han tenido las razas de extraterrestres que a lo largo de los milenios nos han visitado. Libros como el de R. A. Boulay *Flying Dragons and Serpents* no dejan lugar a dudas.

Y en cuanto a la antigüedad del ser humano en este planeta, poco a poco la ciencia oficial ha ido dejando atrás los errores que cometía hace solo cuarenta años. Hoy sabemos con certeza que seres humanos de razas, tamaños e inteligencias muy diferentes se mueven sobre la Tierra desde hace millones de años. El versículo del Génesis en el que se dice «y había por entonces gigantes sobre la Tierra» ha sido completamente corroborado por muchos descubrimientos arqueológicos. Libros como el de Michael A. Cremo y Richard L. Thompson *Forbidden Archeology* aportan una enorme cantidad de pruebas. [*Nota del autor a la actual edición*].

ya quisieran para sí las mismas Naciones Unidas. Las directrices y órdenes emanadas del Comité Olímpico Internacional o de la FIFA, por poner solo dos ejemplos, son obedecidas mucho más cuidadosamente que las condenas, resoluciones o embargos emitidos por las Naciones Unidas, que con elevada frecuencia son rechazados por los países contra los que van dirigidos. La enorme cantidad de preparativos y de gastos que conllevan unos Juegos Olímpicos podría hacer pensar que sería un obstáculo insalvable para su celebración. Y sin embargo vemos que con regularidad, cada cuatro años, todas las naciones del orbe, a pesar de estar enzarzadas en innumerables disputas y hasta guerras, se dan cita en un mismo lugar para competir en un sinnúmero de deportes.

Pero se me podrá preguntar: ¿qué relación tienen los deportes con los dioses? O ¿en qué se benefician estos de su buena organización?

Recuerde de nuevo el lector lo que habíamos dicho que los dioses pretendían en primer lugar, para así lograr lo que en último término buscan: pretenden juntar a la gente y excitarla de alguna manera para obtener de una manera unificada la energía que emana de sus cerebros. Imagine ahora el lector un estadio un domingo por la tarde, repleto de gente vociferando y gritando hasta enronquecer, presos de la angustia o de la ira, si su equipo está perdiendo, y exultantes de júbilo si su equipo gana. Y piense que a pocos kilómetros de distancia, en la ciudad más próxima, se está dando el mismo espectáculo. Y si observáramos desde una gran altura veríamos que en toda la nación, en ese mismo momento, hay cientos de campos de deportes y de estadios repletos de gente vociferando con el mismo entusiasmo. Y si nos elevamos aún más, veremos que no solo en su nación, sino en toda Europa, hay miles de campos llenos de gente exultante o aullante.

Lo mismo que las abejas o los abejorros se suspenden en el aire encima de la flor, chupando el néctar que esta destila, nos imaginamos a estos invisibles seres meciéndose encima de los estadios, con su característico balanceo, mientras «chupan» las sutilísimas radiaciones que en aquellos momentos emanan de los excitados cerebros de toda aquella masa humana. Y esto, domingo tras domingo y año tras año, por encima y al margen de todas las crisis económicas, sociales o políticas; y hasta por encima de las dificultades climatológicas, ya que es bastante frecuente que los partidos se celebren en días ventosos y con temperaturas bajo cero, o con los campos encharcados e incluso con nieve, como sucede en el fútbol norteamericano.

Cruzar los telones de acero y las complicadas aduanas que nos separan de los países comunistas no es cosa fácil. Sin embargo, para el deporte no existen semejantes trabas, y lo que no consiguen comisiones de comercio o culturales y grupos turísticos, lo logran con toda facilidad equipos enteros de deportistas, tanto en una dirección como en otra. Puede ser que el gran confrontamiento bélico Rusia-Estados Unidos estalle mientras se está celebrando una gran final de baloncesto entre ambos países en el Madison Square Garden; pero en ambas circunstancias, los grandes beneficiados serán los dioses, y los ingenuos mortales no haremos más que seguir las normas de conducta que ellos nos han trazado.

Piense por un momento el lector en la llamada «fiesta nacional» (y que conste que no soy un enemigo de ella, sin ser tampoco un aficionado). ¡Qué estrategia genial de algún dios ibérico para conseguir precisamente lo que todos ellos quieren! Un coso abarrotado de seres humanos, apiñados y vociferantes, enardecidos por un lado por las bravas embestidas del toro, y angustiados por otro ante la posibilidad de una cogida mortal. Cada grácil quiebro del diestro genera una onda psíquica, gigante y rítmica, que sale de la plaza y se eleva invisible hacia las alturas. Y para rematar la gran faena que los dioses nos hacen, en el medio del ruedo —como en un altar imponente—, un hermoso toro (¡exactamente igual al que los dioses demandaban de sus adoradores de antaño!) soltando chorros de sangre caliente y entregando violentamente en segundos toda su pujante vida al filo del estoque.

Los hombres jugando con el animal, y los dioses jugando con el hombre. Pero el hombre no se da cuenta.

Para terminar este tema, quiero decir que practicar el deporte es una cosa completamente natural en los seres humanos; pero una organización tan perfecta y tan eficiente en un mundo tan desorganizado y en el que tantas grandes instituciones funcionan tan mal, que logra llenar semana tras semana infinidad de estadios de seres humanos excitados, es algo que lo llena a uno de muchas sospechas.

Grandes fuegos

Hablemos de un nuevo fenómeno utilizado por los dioses para conseguir lo que buscan en nuestro mundo. Un fenómeno que le va a extrañar al lector, porque probablemente nunca sospechó que pudiese tener tal trastienda, aunque estoy seguro que en más de una ocasión habrá pensado en él con cierta angustia o, si no vive en el campo y no puede ser afectado por él, al menos con algo de curiosidad. Me refiero a los grandes incendios forestales. De nuevo puede ser que me equivoque en esto, pero hay en este fenómeno, cuando se considera globalmente, muchas circunstancias extrañas.

Hace algún tiempo, cuando los incendios forestales veraniegos constituían, no solo en España sino en toda Europa, una verdadera preocupación, escribí un artículo titulado «¿Quién quema los montes?». La revista a la que iba destinado no consideró prudente publicarlo porque pensó que era demasiado audaz. Hoy, varios años después, cuando los incendios forestales se han convertido en una pesadilla en algunas naciones, sin que ni las autoridades ni los técnicos hayan sido capaces de encontrarles una causa o una solución, me reafirmo más en mi sospecha de que detrás de causas verdaderamente naturales puede estar la mano o el aliento de algunos de estos dioses, para avivar las llamas. Y en muchos casos creo que no ha habido ninguna causa natural, sino que ellos directamente —y a veces descaradamente— fueron los incendiarios.

Antes de transcribir algunas partes del artículo al que me he referido, tengo que recordarle al lector lo que dije al final del capítulo anterior acerca de la energía vital que se libera cuando la materia viva se desintegra violentamente. La materia vuelve a la tierra, pero la vida que la impregnaba se desprende y se libera en forma de radiaciones o de ondas de una enorme frecuencia, y totalmente imposibles de captar por los instrumentos con los que cuenta la ciencia.

Cuando se queman cuerpos de animales, esta energía se desprende rápida y abundantemente, mientras que cuando se quema materia vegetal, se desprende en mucha menor proporción; por eso, para lograr alguna cantidad apreciable de esta sutil energía, hay que quemar grandes cantidades.

Tengo que confesar —así comenzaba mi artículo— que fue una circunstancia trivial lo que me animó a poner por escrito mi sospecha de que los incendios forestales no eran tan naturales como aparentaban ser. Fue un hecho que me sucedió unos días antes en una montaña gallega, región en la que precisamente se dan con gran abundancia estos inexplicables incendios.

Caminaba yo con dos ancianos por un bosque de pino hablando del gran peligro que hoy constituían los incendios de montes, cuando la anciana dijo espontáneamente: «*Deus nos libre d'unha mala fada*» (Dios nos libre de una mala hada, aunque en gallego la palabra «malafada» también significa «infortunio» o «desgracia»). En labios de la anciana, aquella frase era solo un instintivo eco con el que repetía maquinalmente lo que con toda seguridad habría oído muchos años atrás a sus padres, y en realidad no supo explicarme por qué lo decía. Pero en mis oídos aquello dio pábulo a mi sospecha. Insisto en que solo son sospechas, pero por otro lado hay muchos hechos que dan credibilidad a estas sospechas; hechos que proceden de campos, épocas y latitudes diferentes.

En 1979 se reunió en Orense un grupo de expertos relacionados con la industria de la madera, y por lo tanto preocupados por la gran cantidad de incendios forestales. El objeto de la reunión era, sobre todo, llegar a algún acuerdo acerca de cuál podía ser su origen. Las conclusiones a las que llegaron fueron desconcertantes: encontraron nada menos que catorce posibles causas. Pero *quod nimis probat, nihil probat*; lo que prueba demasiado, nada prueba. Catorce causas eran demasiadas para tomarlas en serio, y en cierta manera se destruían unas a otras. En realidad eran catorce teorías desesperadas para explicar un hecho inexplicable.

Yo no niego que un bosque pueda arder por causas completamente naturales o humanas, como la acción de un pirómano, la colilla de un irresponsable, una descarga eléctrica, etc., pero ninguna de esas causas y ni siquiera todas reunidas son capaces de explicar la enorme cantidad de incendios que estos últimos años se han desencadenado, no solo en España sino en muchos otros países del mundo.

Una de las causas que durante mucho tiempo se ha admitido como posible explicación es que los vidrios o botellas, y en especial los fondos de las botellas rotas abandonadas en el monte, hacían de lupa, concentrando los rayos solares y comenzando así el incendio. Esta causa fue estudiada en Estados Unidos de una manera especial por una universidad del oeste del país, donde también se dan con mucha frecuencia estos grandes incendios inexplicables, y se halló que de unas 5000 pruebas que se hicieron (abandonando fondos de botellas en lugares donde con cierta facilidad pudieran haber provocado un incendio) *ninguna* resultó en un incendio real. De la mayoría de las otras «catorce causas orensanas» podría decirse algo por el estilo.

Sí hay que reconocer una culpa mayor a las colillas lanzadas por irresponsables a la carretera, a los restos de hogueras de excursionistas y sobre todo a incendiarios psicópatas o a sueldo; pero ni siquiera así queda explicado el extraño fenómeno en toda la extensión y abundancia que ha ido alcanzando en los últimos años; y más, teniendo en cuenta que algunos de estos grandes incendios han comenzado muy lejos de carreteras, en lugares a donde nunca llegan los turistas domingueros (que son los más peligrosos) y sobre todo teniendo en cuenta la circunstancia de que, en muchas ocasiones, los incendios han comenzado simultáneamente o con muy poca diferencia de tiempo en todo lo largo de una montaña o cordillera.

He aquí algunos de los indicios que me han ido poniendo en la pista de que nos encontramos ante un hecho paranormal de vastas dimensiones.

El año 1979, cuando viajaba solo por una región montañosa en los límites de las provincias de Pontevedra y La

Coruña, al coronar el alto de una montaña me encontré de repente con un incendio pavoroso que devoraba un pinar, con llamas de más de diez metros de altura y que avanzaba amenazador hacia la estrecha carretera por la que yo tenía que pasar. Anochecía, y aquella visión dantesca me sobrecogió, porque se daba la extraña circunstancia de que desde hacía por lo menos diez minutos en toda aquella comarca caía una lluvia torrencial. Yo, ante el espectáculo de aquellas enormes llamas insensibles al agua que caía, paré el vehículo e intenté salir de él para convencerme de que era cierto lo que estaba viendo. Solo pude poner el pie izquierdo en tierra, porque el mero intento de salir me dejó completamente empapado. Recuerdo que estuve un rato con la ventanilla bajada escuchando el amenazante crepitar de las llamas y contemplando aquel increíble espectáculo[21].

Después de un mes de haber sido testigo de este hecho, presencié a miles de kilómetros de distancia, en Los Ángeles (California), en Estados Unidos, otro hecho extraño muy relacionado con este. Desde uno de los barrios de aquella inmensa ciudad pude ver cómo en un frente de unos kilómetros ardía toda la cresta de Beverly Hills, extendiéndose el incendio hasta la orilla del mar. Este incendio fue notorio porque entre las muchas casas que destruyó estaban las de algunas estrellas de cine. Lo curioso fue que las autoridades tampoco pudieron explicar cómo había podido comenzar en tantos puntos de manera simultánea, y cómo se había podido

---

21 Como dato extraño —uno más— que añade fuerza a lo dicho en el texto, le diré al lector que varios diarios españoles dieron la noticia de que solo en la provincia de Pontevedra había habido, en un mes, 47 incendios forestales registrados. Pero lo curioso es que fue en el mes de febrero (!) de 1984, cuando había llovido abundantemente durante la mayor parte del tiempo.

propagar de una manera tan rápida. Conservo los titulares de los periódicos, con las conjeturas y la extrañeza ante un hecho tan destructor y tan inexplicable.

Esta creencia mía no es tan rara como a primera vista pudiera parecer y tiene una enorme cantidad de antecedentes y de apoyo en el campo de la paranormalogía. El hecho de «producir incendios» es algo con lo que a cada paso nos encontramos los que nos dedicamos a la investigación del extraño mundo de lo paranormal.

En Galicia hay unos raros incendios que los campesinos llaman «ameigados», es decir, causados por meigas o hadas. Conozco los detalles de uno de estos fuegos en la provincia de La Coruña, en el que los dueños de una casa de labranza, con su pequeña finca alrededor, estaban en perpetua guardia ante las llamaradas que brotaban, repentina y espontáneamente, de cualquier esquina de la granja, devorando en pocos instantes todo lo que se hallaba alrededor y amenazando con extenderse al resto de la propiedad si no se acudía con prontitud. No solo era pasto de las llamas la materia fácilmente combustible como la paja, sino que el carro de labranza de madera sólida y muy curada se vio repentinamente envuelto en llamas, quedando de él solo los restos calcinados.

En los fenómenos de *poltergeist*, que estudiamos en parapsicología, el agente que causa ruidos, rotura de objetos, lanzamiento de piedras y toda suerte de fenómenos raros, es también el causante normal de incendios. Conozco un caso en el que los bomberos de una pequeña ciudad de Estados Unidos optaron por aparcar uno de sus camiones-bomba frente a una casa en la que cada cuarto de hora se declaraba un incendio inexplicable.

En la demonología —que no solo en la mentalidad popular, sino en toda su profunda realidad, está emparentada con todos estos extraños fenómenos—, «causar fuego» es algo que constantemente se le atribuye al «demonio». (Y pongo «demonio» entre comillas porque no lo admito tal como nos lo presenta el cristianismo, es decir, algo así como un enemigo personal de Dios. Lo admito, sí, como uno de estos seres suprahumanos, de los que precisamente estamos tratando en este libro y cuyas manifestaciones suelen ser negativas para los humanos). Es significativo el título del capítulo 13 del libro *Demonolatriae libri tres* de Nicolai Remigii, publicado en 1595: «Los demonios ponen fuego a las casas y a los edificios. Algunos ejemplos». Remigii pone ejemplo tras ejemplo de fuegos que, según la mentalidad de aquellos tiempos, eran atribuidos al «demonio».

Naturalmente en parapsicología tenemos que saber distinguir muy bien entre la explicación que los diversos pueblos y personas les puedan dar a estos hechos raros y la realidad innegable de los hechos mismos.

En la vida de San Juan María Vianney (un santo francés del siglo XVIII) nos encontramos con que el «demonio», furioso porque el santo no caía en sus trampas, causaba extraños y repentinos incendios en su casa.

En el campo de la ovnilogía nos encontramos igualmente que los fuegos son un aspecto muy relacionado con estos misteriosos visitantes; y hay que decir que no solo para causarlos, sino en ocasiones hasta para apagarlos. Pero hay que confesar que son mucho más abundantes los casos en los que estos intrusos espaciales, en vez de apagar fuegos, los causan.

En la oleada de 1975 en Puerto Rico, en la que junto con gran cantidad de ovnis se vieron en el cielo otras extrañas criaturas parecidas a grandes pájaros (fenómeno que también ha sucedido en otras partes concomitantemente con el avistamiento de ovnis), conozco de cerca el caso en el que una pequeña choza sobre la que se posó una de estas grandes «aves» estalló inexplicablemente en llamas en cuanto esta desapareció.

Pero el caso más aleccionador en este particular es el famoso «fuego de Peshtigo», más conocido como el «incendio de Chicago», por haber sido esta una de sus consecuencias más famosas. Mucha gente no sabe que la misma noche que ardió Chicago (8 de octubre de 1871) ardieron muchos otros pequeños pueblos e incluso ciudades, como la hoy populosa Greenbay, donde perecieron abrasadas alrededor de 3000 personas. Y aquella misma noche ardieron enormes extensiones de terreno en al menos siete estados de Estados Unidos, abarcando una superficie como la mitad de la Península Ibérica.

¿La causa de este fantástico incendio? Ni más ni menos que lo que hoy llamamos un ovni; una bola de fuego que cruzó por el norte y el noreste de Estados Unidos desde el estado de Nebraska hasta el de Pensilvania, siguiendo una línea recta de no menos de 2000 kilómetros y causando a su paso enormes conflagraciones en miles de kilómetros cuadrados. Según los testigos presenciales, repentinamente bajó del cielo un calor sofocante que ahogaba a todo aquel que se encontrara en un descampado sin tener un lugar en el que guarecerse.

Hasta aquí he recuperado partes del artículo no publicado. Desde entonces he seguido recogiendo datos que han acrecentado mis sospechas. Leemos en el *Excélsior* de México del día 29 de septiembre de 1979: «Un total de 25000 hectáreas de pastizales y bosques de San Pedro Mártir y Sierra Juárez, en el municipio de Ensenada, fueron destruidas por incendios durante la temporada de verano». Noticias como esta pueden encontrarse a cientos en todos los periódicos de buena parte de las naciones del mundo, sobre todo de aquellas en las que abundan los bosques. En los momentos en que escribo estas líneas, un gigantesco incendio forestal arrasa hace ya cuatro días bosques y pueblos en Australia, y ha consumido hasta este momento una superficie de unos 3 000 kilómetros cuadrados. Naturalmente, las personas que viven en las ciudades apenas se enteran de estas enormes conflagraciones y para ellas no pasa de ser una noticia más del periódico o de la radio.

Cuando en el año 1982 crucé Portugal desde Oporto hasta la ciudad de Castelo Branco, lo hice a través de kilómetros y kilómetros de montes completamente calcinados en los que no quedaba rastro de vida. Brasil es muy probablemente la nación que cuenta con mayor cantidad de bosques vírgenes de una frondosidad impenetrable. Pues bien, en la década de los años 60 ardió una superficie de bosque comparable a la superficie de toda España. Aunque en el caso del Brasil se sabe de mucha gente interesada en esta práctica bárbara con el fin de que los indios que por allí habitan se retiren más al interior del inmenso Mato Grosso y dejen el terreno libre para los aprovechados. (Este genocidio ha sido denunciado repetidas veces en las Naciones Unidas; pero los militares que malgobiernan aquel país están muy ocupados torturando «comunistas» y líderes obreros y no tienen tiempo para esas pequeñeces).

Si bien es cierto que, como dijimos anteriormente, en muchísimos casos podrá encontrarse una causa perfectamente humana y natural para estos fenómenos, también es muy cierto que el asunto de los incendios forestales es uno más en el que estos seres «superiores» cubren sus actuaciones en nuestro planeta bajo las apariencias de fenómenos naturales, cuando en realidad son fenómenos causados o avivados por ellos. Asimismo, en ocasiones hacen todo lo contrario, es decir, nos hacen creer que algo es sobrenatural, cuando en realidad es algo perfectamente natural pero debido a causas que nosotros desconocemos y que ellos usan a su antojo para impresionarnos (empezando por sus mismos personajes, a los que nos han hecho adorar como si fuesen dioses, cuando en realidad son únicamente otros seres inteligentes del universo).

Sin embargo hay casos en los que no tenemos duda de quiénes han sido los causantes de los fuegos. En líneas pasadas ya hemos aportado algunos de estos casos. Y para que el lector vea que estos hechos no son solo cosa del pasado, transcribiré esta noticia aparecida en el diario *Crónica* de Buenos Aires el día 14 de agosto de 1982 y referida a mí por el investigador puertorriqueño Noel Rigau:

UN OVNI INCENDIARIO EN CATAMARCA. Un incendio registrado hoy en la localidad de Londres y zonas aledañas afectó 11 viviendas y causó heridas a dos personas amén de importantes pérdidas en plantaciones de nogales, citrus y viñedos; y si bien las fuertes ráfagas de viento que se registraban en ese momento hicieron temer a la población por su seguridad, el fuego se alejó luego hacia los cerros, tras cambiar el viento de dirección. Sin embargo, cuando el origen del siniestro no pasaba aún de conjeturas, un comunicado oficial dejó perpleja a la población. En efecto, la Jefatura de Policía informó esta noche que un incendio registrado en la ciudad de Londres habría sido causado por un objeto volador no identificado (OVNI) que en dos oportunidades había logrado contactar con la tierra.

El comunicado dado a través del Departamento de Relaciones de la Jefatura de Policía dice así:

En la localidad de Londres, departamento de Belén, se inició anoche un viento zonda con velocidad aproximada de 150 kilómetros por hora, provocando cuantiosos daños, voladuras de techos de viviendas, caída de nogales y postes de alumbrado público. A las 3:50 h se observó un ovni que se desplazaba de oeste a este a una altura de 7 metros, iluminando en una circunferencia de 50 metros con luz amarilla sobre la población.

Posteriormente se posó en una finca, para luego levantar vuelo, dirigiéndose hacia el noroeste, descendiendo nuevamente por espacio de dos a tres minutos, pudiéndose observar de inmediato que se producía un voraz incendio en el lugar en que se posó. Dicho siniestro se expandió a causa del fuerte viento...

Todavía sigue el diario *Crónica* durante una columna entera dando más detalles del suceso. Y por si tuviésemos duda de que se trata solo de una noticia sensacionalista más, cuatro días más tarde el diario *Clarín*, también de Buenos Aires, abundaba más en el hecho tras su propia investigación:

ASOMBRA A CATAMARCA UN OVNI INCENDIARIO... Las evoluciones del ovni fueron seguidas con preocupación desde un automóvil patrullero policial por los agentes provinciales Andrés Soria y Ramón Carpió, en circunstancias en que efectuaban un recorrido de rutina por el pueblo... Toda la provincia de Catamarca está convulsionada por el extraño incendio de campos que se produjo en un extremo del pueblo de Londres a partir de una gran llamarada emitida por un objeto volador no identificado (OVNI), según informó la propia Policía local. Mientras comenzaba a soplar un fuerte viento, los policías vieron al objeto detenido y posado sobre la calle, en la esquina de las calles Zurita y Calchaquí. Al detener ellos la marcha del vehículo, el OVNI tomó altura rápidamente, y luego de un zigzagueante recorrido, produjo un violento estampido que derivó en una inmensa llamarada...

El diario *Clarín* continúa su información aportando más testimonios de testigos presenciales y terminando con esta atemorizante descripción:

Alberto Seleme, un caracterizado habitante del lugar, corroboró lo expresado y agregó: «Era algo dantesco; la tierra, el viento, el humo, el llanto de la gente que corría, las llamas. La policía tocaba las sirenas. Todo era un infierno».

Por el contrario, como decíamos, en ocasiones se han visto a estos misteriosos visitantes del espacio apagar fuegos. Conozco de cerca un caso acaecido en Tolima (Colombia), en el que el rancho de una muy conocida periodista fue salvado de ser devorado por un incendio gracias a la oportuna y manifiesta intervención de un ovni. Ella estaba aterrada. En compañía de una amiga, ambas vieron cómo las llamas avanzaban devorándolo todo, y estaban ya a poca distancia de la casa cuando un aparato en forma de disco se fue acercando lentamente, a muy baja altura, hacia las llamas. En unos instantes se sintió un frío intensísimo que no solo la puso a ella a temblar, junto con todos los peones de la finca que estaban luchando por impedir que el fuego avanzase, sino que hizo que las enormes llamas se extinguiesen en pocos instantes. La propia dueña de la finca me explicó, con todo detalle, cómo había sido el increíble suceso, y me mostró un ejemplar del diario *El Tiempo* en el que había narrado, en una página entera, todo lo sucedido.

Cuando en el año 1931 hubo en el misterioso Mount Shasta (en California) un gran incendio forestal que avanzaba rápidamente por una de las laderas del monte, devorándolo todo, según muchos testigos se vio aparecer una extrañísima niebla que inexplicablemente lo detuvo. El punto donde se detuvo el fuego se pudo ver durante muchos años como una gran curva perfectamente trazada en la mitad de la montaña.

Admito la posibilidad de que esté en un error y de que todas mis sospechas no sean más que imaginaciones mías. Pero de nuevo, viendo en la Biblia y en la historia de muchos pueblos antiguos el interés y la insistencia que los dioses tienen en la cremación de las ofrendas que exigían, fuesen estas animales o vegetales, me reafirmo en mis sospechas.

CREMACIONES DE VEGETALES EN LA BIBLIA

Fíjese el lector que digo ofrendas «animales o vegetales» porque lo cierto es que los dioses también exigían ofrendas y cremaciones de determinados vegetales, en una cantidad y de una forma específicas, tal como enseguida veremos en los textos bíblicos.

Esto podría parecer a primera vista que se contradice con lo que dijimos de que la materia vegetal desprende en menor cantidad estas ondas (la vida) cuando es quemada, y por eso hay que quemar grandes cantidades de ella simultáneamente, para que produzca una cantidad de energía apreciable o utilizable para los dioses.

Esto, sin dejar de ser cierto, puede muy bien compaginarse con la parvedad y la selectividad que vemos en las ofrendas vegetales exigidas por Yahvé. Recurriendo de nuevo a las comparaciones, podemos ver que los hombres consumimos grandes proporciones de ciertos vegetales (harina, grano, etc.), mientras que de otros ingerimos cantidades muy pequeñas, como las especias con las que condimentamos nuestras comidas. La energía producida por la conflagración de un gran bosque podría ser un «alimento» común y vulgar para muchos de estos seres en un momento determinado, mientras que el hecho de quemar determinados vegetales exquisitos, en cantidades específicas y en momentos y de modos muy determinados, podría ser como el condimento adecuado para la cremación de animales, que es lo que constituye la parte importante de la ofrenda querida por los dioses.

Puesto en palabras más exactas, las ondas poco comunes que desprenden ciertos vegetales al quemarse en ciertas proporciones sintonizan con las que se desprenden de la cremación de la materia animal, produciendo en conjunto una vibración que es especialmente agradable para los «paladares» de ciertos espíritus más refinados. Y, según parece, tanto Yahvé como los jefes de todas las bandas de *elohim* eran una especie de gourmets espaciales.

Vea el lector con qué exquisitez ordena Yahvé que le sean hechas las ofrendas vegetales. Da la impresión de que le está dictando a Moisés recetas de alta cocina con sus medidas exactas:

> Diles a los israelitas que te den una ternera roja sin defecto y que no haya sido uncida nunca, y degüéllala fuera del campo. Entonces Eleazar, el sacerdote, mojará su dedo en la sangre de ella y lo sacudirá siete veces hacia la tienda de las reuniones. Después será quemada la ternera por

completo, pero el sacerdote tomará *un poco de madera de cedro, un poco de hisopo* [una planta muy aromática antiguamente usada en medicina] *y un poco de lino color rojo escarlata* [!] y lo arrojará todo al fuego donde se quema la ternera... (Num 19, 1-7).

En las ofrendas diarias de por la mañana y por la tarde, junto con los animales que había que sacrificar y quemar, Yahvé exigía sin falta la «ofrenda de cereal», que consistía en la 10.ª parte de un *efá* (medida hebrea) de harina fina, mezclada con 1/4 de *hin* (otra medida) de aceite de aceitunas machacadas, y además había que ofrecerle una libación de 1/4 de *hin* de vino.

Pero Yahvé detallaba bien sus recetas, porque cuando era un toro el animal que se ofrecía, entonces con él había que ofrecer 3 décimos de harina tamizada, mezclada con aceite de oliva; si en vez de un toro era un carnero, entonces la cantidad de harina que había que ofrecer era 2 décimos; si era un cordero, 1 décimo, y si era un macho cabrío, entonces no había que ofrecer nada con él. Las cantidades de vino variaban también de acuerdo al animal que se sacrificase.

Pero no solo eso; Yahvé bajaba a más detalles. Las ofrendas de cereales tenían que ser siempre sin levadura; había que añadirles algo de incienso; tenían que ser con aceite de oliva; había que echarle sin falta sal («toda ofrenda tiene que ser con sal»), y nunca había que añadirle miel. Además especificaba:

Cuando el cereal que se me ofrezca haya sido asado en un horno, tendrá que presentármelo en forma de obleas rociadas con aceite; si ha sido cocinado en una plancha o sartén, entonces habrá que partirlo en trozos y echarles encima el aceite; y si el cereal ha sido preparado dentro de alguna olla, entonces tendrá que ser bien sumergido en aceite para freírlo.

Y todo ello para ser quemado en la hoguera con las ofrendas, a modo de adobo. Lo curioso es que las particularidades que conocemos de las ofrendas que los dioses mesopotámicos exigían a sus pueblos se parecen mucho a estas que vemos exigidas por Yahvé; no solo en el grueso de las ofrendas y de las cremaciones de animales, sino también en estos detalles o caprichos de exigir tal o cual hierba o líquido junto con la ofrenda animal. Esto nos hace sospechar mucho en la igualdad de Yahvé con todos los demás «falsos dioses» y nos da la explicación de sus tremendos celos hacia ellos.

CREMACIONES DE ANIMALES EN LA BIBLIA

En cuanto a las órdenes de Yahvé a Moisés a propósito de la cremación de animales en el altar, podríamos llenar páginas:

> Esta es la ley del holocausto: el holocausto arderá sobre el hogar del altar de la noche a la mañana y el fuego del altar se tendrá siempre encendido... El fuego arderá siempre en el altar sin apagarse; el sacerdote lo alimentará con leña todas las mañanas; pondrá sobre ella el holocausto y quemará allí mismo la grasa de los sacrificios pacíficos. Es fuego perenne que ha de arder en el altar sin apagarse. (Num 28,3).

Son interminables los pormenores que Yahvé le dio a Moisés acerca de cómo debía quemar las ofrendas, cuáles eran holocaustos y de cuáles podían comer en parte los sacerdotes, etc.

Pero todavía hay más peculiaridades. A veces parece que la impaciencia de Yahvé por sentir el «suave olor tranquilizante» del que nos hablan los textos era tanta, que sin esperar a que los quemasen bajaba él mismo a abrasarlos y captar de cerca lo que de ellos quería:

Y le dijo Yahvé [a Abraham]: «Elígeme una vaca de tres años, una cabra también de tres años y un carnero igualmente de tres años y una tórtola y un palomino». Tomó Abraham todo eso y partió los animales por la mitad, pero no las aves; y puso cada una de las mitades enfrente a la otra... Puesto ya el sol, y en densísimas tinieblas, apareció *una hornilla humeante y un fuego llameante* que pasó por entre las mitades de las víctimas. (Gen 15).

Y más adelante, en el libro del Levítico leemos:

Arón, alzando la mano bendijo al pueblo y bajó después de haber ofrecido el sacrificio por el pecado, el holocausto y el sacrificio pacífico. Moisés y Arón entraron en el tabernáculo de la reunión y cuando salieron, la gloria de Yahvé [la famosa nube] se manifestó a todo el pueblo, y *salió de ella un fuego mandado por Yahvé, que consumió en el altar el holocausto y las grasas.* A su vista todo el pueblo lanzó gritos de júbilo y se postraron rostro en tierra. (Lev 9).

En esto parece que hay un paralelo con lo que anteriormente dijimos de las matanzas de animales. Da la impresión de que, tanto en los sacrificios sangrientos como en los holocaustos, al no haber en la actualidad entre los pueblos civilizados quien haga caso a Yahvé ni a ninguno de los otros dioses en cuanto a sacrificarles animales y quemarles ofrendas de materia viva, ellos mismos se procuran los sacrificios y los holocaustos; en el caso de los primeros, yendo a las granjas a matar animales, y en cuanto a los holocaustos, provocando los enormes incendios forestales que cada verano vemos en todo el mundo.

Para que el lector vea la importancia que Yahvé le concedía a todo esto (y al mismo tiempo para que lo contraste con el poco o ningún caso que a tales «cosas sacratísimas» se les concede en la actualidad, tanto en el judaísmo como en el cristianismo), lea estos textos aleccionadores tomados del libro 2.º de las Crónicas referentes a la consagración del templo por Salomón, es decir, alrededor de 300 años después de la muerte de Moisés:

El rey Salomón, con toda la comunidad de Israel que se había reunido en torno a él, sacrificó ante el arca innumerables ovejas y bueyes en incalculable abundancia... Cuando los sacerdotes salieron del santuario, la Casa *se llenó de la nube, la misma Casa de Yahvé... Y los sacerdotes no pudieron continuar en el servicio a causa de la nube, porque la «gloria de Yahvé»* llenaba la Casa de Dios... Cuando Salomón acabó de orar, *bajó fuego del cielo que devoró el holocausto y los sacrificios;* y la «gloria de Yahvé» llenaba la Casa. Los sacerdotes no podían entrar en la Casa de Yahvé porque la «gloria de Yahvé» estaba en la Casa de Yahvé. Entonces todos los hijos de Israel, *viendo descender el fuego* y la «gloria de Yahvé» sobre la Casa, se postraron rostro en tierra sobre el pavimento y adoraron a Yahvé «porque es bueno y porque es eterno su amor». Luego el rey y todo el pueblo ofrecieron sacrificios a Yahvé. El rey Salomón ofreció en sacrificio *22 000 bueyes y 120 000 ovejas.* Así inauguraron la Casa de Dios el rey y todo el pueblo...

Note de paso el lector la nada simbólica y por el contrario manifiesta y física presencia de Yahvé: el pueblo veía perfectamente la nube, al igual que en nuestros días mucha gente ha visto pequeñas nubes haciendo cosas muy extrañas.

Muy probablemente las cifras que dan las Crónicas son exageradas, pero aun reduciéndolas a la tercera parte, nos encontramos ante una hoguera en la que se quemaban varias toneladas de carne. Imagine el lector el humo, el penetrante olor a carne quemada y la grasa fluyendo por todas partes. No tiene que imaginárselo mucho, porque le bastará con seguir leyendo el resto del capítulo 7:

> Salomón consagró el interior del patio que está delante de la Casa de Yahvé, pues allí fue donde ofreció los holocaustos y las grasas de los sacrificios de comunión, ya que el altar de bronce que había hecho Salomón no podía contener el holocausto, la oblación y las grasas... La fiesta duró siete días...

Y toda esta increíble carnicería ¿para qué? ¿Para congraciarse y para agradar al Dios verdadero, al Dios de la belleza, al Dios del amor, al Dios primera y profunda inteligencia que rige el universo? De ninguna manera; el Dios verdadero no se deleita con humos ni con grasas. Lógicamente tenemos que llegar a la conclusión de que toda esta carnicería era para satisfacer los gustos de un dios al que le gustaba la sangre, primo hermano de Júpiter, de Baal, de Moloc, de Aserá, de Dagón, de Kemos y de todos los demás dioses mesopotámicos a los que también sus pueblos adoraban mediante sacrificios de animales o de seres humanos. [Ajab, rey de Israel, sacrificó dos de sus hijos a Baal. Estos sacrificios de «su pueblo» a los dioses rivales (Lev 18-21) encelaban tremendamente a Yahvé y «encendían su ira»].

Todavía hay un último extraño detalle relacionado con el fuego y también con la irascibilidad y falta de entrañas de Yahvé. Y por él podemos ver que estaba muy interesado en que los sacrificios que pedía fuesen hechos exactamente como él decía, cuando él decía, por las causas que él los pedía y únicamente en los lugares que él señalaba. Leemos en el libro del Levítico, capítulo 10:

> Los hijos de Arón, Naclab y Abiú tomaron cada uno un incensario y, poniendo fuego en ellos y echando incienso, presentaron ante Yahvé un fuego extraño, cosa que no les había sido ordenada. Entonces *salió de ante Yahvé un fuego que los abrasó* y murieron ante Yahvé.

Aunque no viene mucho al caso, no resisto la tentación de copiar los versículos siguientes, porque son todo un resumen de los que por siglos ha estado pasando en el alma de millones de seres humanos inteligentes ante el dogma hueco, absurdo y muchas veces tiránico, propugnado e impuesto por las autoridades religiosas de todas las creencias y de todas las épocas. La explicación fanática dada por Moisés ante un hecho tan bárbaro y el silencio impotente de un pobre padre aplastado por el dolor y por la injusticia de su dios son solo el eco de miles de hechos parecidos:

> Dijo entonces Moisés a Arón [cuyos hijos acababan de ser abrasados por Yahvé]: «Esto sucedió conforme a lo que Yahvé había dicho: Yo seré santificado en aquellos que se me acerquen y glorificado ante todo el pueblo. Arón calló» [!].

¿Qué iba a decir el pobre Arón, incapaz de comprender la «justicia» y la «bondad» de su dios? Seguramente en aquel momento y en lo profundo de su corazón debió de blasfemar contra Yahvé, como han blasfemado contra Dios muchísimos creyentes desesperados cuando los doctrinarios religiosos le achacaban a Él cosas con las que no tiene nada que ver, porque son debidas a causas mucho más cercanas a nosotros.

Lector: si todas estas cosas de las que estamos hablando te parecen bastante extrañas (por no decir absurdas), no te olvides que son tomadas directamente de la Biblia, el «libro sagrado» que para muchos millones de seres humanos ha sido la guía durante muchos siglos. Con una guía así, en la que se nos presenta a Dios como a un individuo con unos gustos tan animalescos y tan extravagantes, no es nada extraño que nuestra sociedad esté como está y que las ideas religiosas en el mundo judeo-cristiano anden tan a la deriva como andan.

RESUMEN

Como resumen de todo este largo capítulo, diremos que lo que los dioses básicamente procuran en nuestro mundo es excitarnos y, en cuanto les es posible, juntarnos en multitudes para así poder extraer más fácilmente la energía en forma de ondas que emiten los cerebros excitados.

Ya hemos explicado que esta excitación hay que entenderla de una manera amplia: quieren poner al cerebro humano en estado de tensión o de expectación, lo que tratan de hacer mientras los seres humanos están congregados.

Para conseguir ambas cosas han ideado unas estrategias a corto y a largo plazo. A corto plazo podríamos decir que son las religiones y los deportes, pues consiguen estos estados de ansia y excitación, al mismo tiempo que de aglomeración, con mucha frecuencia. A largo plazo podrían ser las razas, las lenguas y las patrias, que al fin y al cabo son las que causan una de las cosas más buscadas por los dioses, las guerras, ya que en ellas consiguen en abundancia algo que siempre han querido especialmente: dolor, sangre y cuerpos mutilados violentamente.

Vistos todos estos fenómenos sociales desde este punto de vista, uno no puede menos que admirar la inteligencia con que han sido ideados para conseguir los fines que con ellos pretenden. Porque no tenemos que olvidar que tales estrategias tienen que ser voluntariamente admitidas por un ser inteligente que en muchos otros aspectos de su personalidad no es nada dócil ni obediente a los dictados de otros. Y por otro lado, tienen que ser admitidas sin que estos seres caigan en la cuenta de que están siendo manipulados y de cuáles son sus verdaderos propósitos. Pese a todo ello, vemos con qué mansedumbre el hombre se ha dejado embaucar y ha admitido como sagrados e importantísimos toda una serie de principios que, considerados fríamente, han sido desastrosos para la humanidad entera a lo largo de toda su historia.

POR QUÉ DEBEMOS
DEFENDERNOS DE LOS DIOSES

Sé que hay mucha gente, sobre todo gente que ha sido contactada de alguna manera, que no está de acuerdo conmigo en la visión de todo el fenómeno ovni, y en especial en mi punto de vista de que el fenómeno es, a la larga, perjudicial al ser humano y más correctamente a la humanidad considerada en bloque. Si estos individuos conociesen muchos otros casos de contactados, además del suyo, se convencerían de que lo que a ellos les ha pasado no es lo más frecuente. Y muchas veces estas ventajas y beneficios que algunos individuos han logrado con su comunicación con los dioses han sido solo temporales, cayendo en la cuenta años más tarde que el balance total tuvo mucho más de negativo que de positivo. Y son innumerables los casos en los que, cuando el humano ha querido salirse de esta relación, ya le ha sido totalmente imposible.

Operación Rama

Hace unos años, cuando la Operación Rama estaba en todo su apogeo en España y en parte de Sudamérica, me gané la enemistad de algunos de sus líderes porque, cuando algunos de sus seguidores me preguntaban acerca de los beneficios de la Operación Rama, les decía que me parecía que los que andaban en ella andaban por las ramas, mal aconsejados por gentes llenas de buena voluntad, pero completamente ingenuas. Andaban por las ramas del fenómeno ovni en cuanto a su profundidad y a su trascendencia. Y les dije, además, que pese a todas las apariencias de inocuidad y hasta de la positiva bondad de toda la operación, se exponían a serios peligros. Peligros que se convirtieron en realidad en muchísimos casos en los que las vidas de los participantes sufrieron traumas y cambios nada positivos.

Esta Operación Rama, originada en Perú, consistía en fomentar el contacto con los «extraterrestres», presuponiendo que los «extraterrestres» son nuestros buenos hermanos del espacio que vienen a ayudarnos y, en cierta manera, a solucionar nuestros problemas. Los jefes de este movimiento no habían descubierto todavía que los «extraterrestres», como a ellos les gusta llamarlos (o los «dioses», como nosotros les hemos venido llamando a lo largo de este libro), en lugar de ser la solución de nuestros problemas son el gran problema que la humanidad tiene y ha tenido siempre. Lo malo es que únicamente ahora es cuando empezamos a caer en la cuenta del problema. Yo mismo estuve imbuido de esta falsa idea cuando me puse en contacto con el fenómeno. Pero eso fue hace ya bastantes años; y gracias a muchas reflexiones y a muchos hechos investigados personalmente, hace ya tiempo que llegué a la conclusión de que tal bondad y tal generosidad por parte de «ellos» no es lo que a primera vista parece.

Tal como ya he dicho repetidamente, es poco más o menos la misma bondad y la misma generosidad que nosotros tenemos con los animales que nos rodean, a los que indudablemente tratamos muy bien en muchas ocasiones y hasta nos sacrificamos por ellos, pero a la larga los tenemos a nuestro servicio y no dudamos en deshacernos de ellos o incluso en matarlos cuando nos molestan, o simplemente cuando nos conviene.

Uno de los medios que la Operación Rama tenía para buscar esta comunicación era subirse a las montañas y acudir por las noches a lugares solitarios donde presumiblemente podrían encontrarse con sus «buenos hermanos espaciales». Esto originaba, a veces, posteriores contactos telepáticos para los que no se necesitaba salir de los centros de reunión. Y excusado es decir que estos contactos telepáticos, para muchos psiquismos desequilibrados o propensos al desequilibrio y para muchos adolescentes, resultaron, a la larga, frustrantes o funestos.

Con lo dicho hasta aquí, ya hemos comenzado a contestar a la pregunta que nos hemos hecho en el título de este capítulo: debemos defendernos de los dioses porque, a la larga, el contacto con ellos es nocivo para nosotros. Por lo menos el contacto indiscriminado, es decir, sin saber de antemano con quién nos estamos relacionando, y además teniendo el firme deseo de entregar nuestras mentes y nuestras voluntades a lo que ellos nos indiquen, sin sopesar de una manera crítica si lo que nos dicen o nos mandan es útil o nocivo para nuestras vidas.

A modo de paréntesis, diremos que hay un paralelo muy grande entre esto que estamos diciendo y lo que sucede en el espiritismo. El espiritismo es probablemente, a mi manera de ver, el mismo fenómeno de que estamos tratando en todo este libro, pero visto desde un ángulo completamente diferente. Es decir, en el espiritismo «los dioses» se manifiestan en forma de espíritus muertos, aunque admito la posibilidad —y en algunos casos la probabilidad— de que algunos de los personajes que se manifiestan en una «auténtica» sesión espiritista sean los restos de energía psíquica —actuando de una manera automática o cuasiautomática— de algún difunto, fallecido no demasiado tiempo atrás. (Y tengo que confesarle al lector que, debido a mis conversaciones con el insigne espiritista puertorriqueño Ingeniero Flavio Acarón, últimamente he comenzado a admitir la probabilidad de que en muchas ocasiones lo que se manifiesta es la propia alma o la mente desencarnada del difunto, que durante un tiempo vaga confusa en su nuevo estado, resistiéndose a abandonar el nivel de existencia en el que había estado hasta su muerte).

Pues bien, el pontífice del moderno espiritismo, Alan Kardec, pone repetidamente sobre aviso en sus obras a los seguidores del espiritismo de que no se fíen sin más de los espíritus que se manifiesten en las sesiones, y de que no abran ingenuamente sus almas a las influencias de estos espíritus sin haberse cerciorado muy bien previamente de qué espíritu se trata en cada caso, y de si es en realidad el que dice que es. Porque, curiosamente, nos encontramos en el espiritismo —y admitido no solo por Kardec, sino por todos los grandes maestros espiritistas— lo mismo que habíamos encontrado en nuestro trato con los dioses: que hay que andar con mucho cuidado con ellos, por más evolucionados y superiores que parezcan, porque en ellos, engañar y mentir son cosas frecuentes y casi normales.

Los creyentes del espiritismo, al igual que los fanáticos religiosos y los devotos de los ovnis, creen que sus «guías», sus «santos» o sus «protectores extraterrestres» nunca engañan, y que los que lo hacen son otros seres menos evolucionados. Pero la realidad es que en los tres fenómenos —religión, espiritismo y ovnis— hay que andar con pies de plomo, porque la decepción está a la orden del día; y muy probablemente, ni los «santos» son tan santos como creen los religiosos, ni los «guías espirituales» guían tan bien como creen los espiritistas, ni los «buenos hermanos del espacio» son tan buenos como creen los platilleros.

Y profundizando un poco más en la negatividad de nuestro contacto con los dioses, podríamos hacer una división y distinguir en qué consiste la nocividad para los seres humanos considerados individualmente, y en qué consiste para la humanidad considerada en bloque.

Nocivos a nivel individual

Las consecuencias de este contacto han sido principalmente los grandes cambios perjudiciales que se han notado en las vidas de muchas personas. Con mucha frecuencia, quienes han sido contactados por los «extraterrestres» se hacen erráticos, abandonan su trabajo o estudios y habitualmente abandonan a su propia familia; algunos caen en unos estados de misticismo que los alejan por completo del mundo que los rodea, y en general se vuelven bastante problemáticos para la sociedad, creyendo que están llevando a cabo una misión evangelizadora (predicadores de una «buena nueva») y salvadora de la humanidad, o sintiéndose depositarios de algún gran avance tecnológico. En algunos casos más agudos, ha habido una pérdida total de las facultades mentales del contactado, trastornándose por completo; en otros, ha sido objeto de ensañadas persecuciones, sufriendo mucho por ellas y hasta desapareciendo sin dejar rastro[22]. En algún libro mío he contado casos de suicidio —directamente conocidos por mí— del individuo contactado; y hay que hacer notar que estos suicidios fueron debidos, según las notas que los suicidas dejaron, a las ideas que les fueron sugeridas por sus «protectores».

Por ser algo que está directamente relacionado con el tema que estamos tratando, narraré aquí una anécdota totalmente inédita, tal como me fue contada por el mismo soldado que participó en los hechos. A mediados de la década de los años 70, mientras cumplía el servicio militar en un cuartel en las cercanías de Madrid, cierto día descubrió, en un paraje medio escondido en las inmediaciones del cuartel, el cadáver del soldado al que se disponía a relevar. Tenía un balazo en la frente. La metralleta con la que estaba haciendo guardia estaba a su lado. De un bolsillo salía un papel en el que estaba escrito un mensaje para su padre; en él le decía que mientras hacía guardia la víspera por la noche se le había aparecido una mujer bellísima, vestida con muchos velos, que le había hablado del cosmos y de las muchas vidas que hay fuera de la Tierra. Le dijo también que el límite de la felicidad era infinito; que ella había llegado hasta allí en una nave sideral y que lo invitaba a irse con ella. Él tuvo miedo (entre otras cosas porque le daba temor abandonar la responsabilidad militar que tenía en aquel preciso momento), y aunque le atraía la idea de irse con aquella mujer tan bella, al fin no se atrevió y la dejó alejarse.

---

22 Quien quiera ver el exacto cumplimiento de lo que estamos diciendo, deberá leer los tres libros en los que Victorino del Pozo narra la vida del famoso contactado italiano Eugenio Siragusa. A uno le da pena ver cómo un hombre lleno de buena voluntad como Siragusa es despiadadamente manipulado y utilizado por los dioses, que fomentan sus ideas mesiánicas y delirantes contra las que el pobre hombre está completamente indefenso. Cuando ya no lo necesiten, lo abandonarán sin más explicaciones, dejándolo en un estado de total desesperación o incluso induciéndolo al suicidio, tal como han hecho con tantos otros contactados.

Naturalmente, tras esta visión quedó totalmente conmocionado y durante todo el día no dejó de pensar sobre ello. No informó a nadie sobre lo que le había sucedido. Pero en un momento sintió un gran arrepentimiento de no haberse ido con ella y recordó que la dama le había dicho que siempre que lo deseese la podría alcanzar. Se le ocurrió entonces que la manera de reunirse con ella era quitándose la vida. Enseguida se puso a escribir la nota para su padre. En ella le decía también que esa era la única causa de su muerte y que no pensase que estaba triste o amargado; además le prometía que volvería a visitarlo y que los ayudaría. Al día siguiente, cuando le tocó de nuevo su turno de guardia nocturna, se quitó la vida.

El recluta que encontró su cadáver no enseñó la carta a nadie excepto a un amigo de su entera confianza; pero no a las autoridades militares ni al mismo padre del suicida, a quien iba dirigida. Dio enseguida parte de su macabro hallazgo, y por las extrañas circunstancias del caso fue acusado de la muerte del centinela. Estuvo preso por ello 14 meses, pero al no encontrarse causa ninguna contra él, finalmente fue dejado en libertad[23].

Por no entrar de lleno en el tema, no quiero profundizar en este caso. Al lector desconocedor del vastísimo campo de la

---

23 Mucho tiempo después de escribir esto leí en el *Diario 16* del 8 de marzo de 1984 la siguiente noticia: «El cadáver del soldado Carlos Assua Molinero fue encontrado esta mañana en la garita del centinela, al realizar el relevo de la guardia, con un disparo de bala en la cabeza, según informó el Cuartel General del Aire». La noticia dice que el suceso tuvo lugar en una de las garitas avanzadas que limitan la zona militar de la Escuela de Transmisiones y Alcorcón, a las afueras de Madrid. La noticia concluye así: «Se desconocen las causas que motivaron los hechos, si bien el estado depresivo en el que se encontraba la víctima esa misma noche, según relatan sus compañeros de servicio, hace suponer que se trata de un suicidio».

Desconozco si el cuartel en el que sucedió este hecho es el mismo que en el que sucedió el que he relatado. De ser el mismo o cercano cabe la posibilidad de que «la mujer bellísima» siga en su macabro deporte.

paranormalogía le resultará extraño, pero la verdad es que es un suceso casi típico, en el que se aúnan características y detalles que son constantes en las manifestaciones de las hadas, en las apariciones de la «Virgen María» o de cualquier diosa de otra religión y en el vasto campo de la ovnilogía. Todos estos fenómenos, por más que los fanáticos de cada uno de ellos se aferren a la veracidad de su punto de vista, son una misma cosa en el fondo, y provienen de la misma causa.

Si trasladamos estos contactos con seres no humanos al campo religioso, nos encontramos con los mismos resultados, por más que los contactados sublimen toda su experiencia. Allí a los contactos se les llama «visiones», «apariciones» o «éxtasis», pero la vida del místico, fisiológicamente hablando se convierte en un infierno, que él sobrelleva con resignación y hasta con alegría a cambio de la iluminación que su mente recibe y de unas maravillosas sensaciones con las que de vez en cuando se ve inundado[24].

El hecho de que haya casos en los que el contactado haya salido beneficiado no quita nada de cierto sobre los hechos

---

24 De nuevo podemos corroborar lo que decimos con un ejemplo contemporáneo: Amparo Cuevas, la vidente de El Escorial. Esta humilde y honesta mujer ha tenido unas visiones que atraen a miles de devotos y curiosos de toda España. Ha sido atacada y golpeada por unos desconocidos asaltantes, y con frecuencia sangra en abundancia, sufriendo intensamente por el dolor que le causan los estigmas. Sus mensajes —muy semejantes a los de otros videntes— están llenos de angustiosas amenazas de terribles castigos inmediatos que nunca se cumplen (todos los profetas han vaticinado siempre calamidades). Por otro lado, la «Santísima Virgen» le ha dicho que haga construir *allí mismo* una capilla a donde vayan a reunirse sus devotos.

¿Por qué precisamente Amparo y por qué aquel lugar? No lo sabemos con certeza, pero sospechamos que, por un lado, por las ondas cerebrales de Amparo, que al igual que las de otros contactados y místicos son captadas con especial facilidad por el dios que se les aparece, y por otro, porque en ese lugar existe un especial magnetismo telúrico que propicia la manifestación de los dioses. (La actividad ovni en esa región es muy abundante, y recuérdese la proximidad de otra ermita y del monasterio de San Lorenzo de El Escorial, y del impresionante monumento del Valle de los Caídos, tan lleno de recuerdos y energías psíquicas).

que acabamos de mencionar. Como ya dijimos, muchas veces sucede que estos beneficios son solo iniciales y transitorios, y además los casos nocivos superan con mucho a estos otros en los que el terrestre ha salido beneficiado.

Citaré sobre la marcha, como botón de muestra entre miles, el caso sucedido en el pueblecito de San Clemente, en la provincia de Cuenca, donde se venera en una ermita a la Virgen del Rus, que según la tradición se apareció a unos pastores en una cueva al lado del río del mismo nombre. En la fiesta anual sacan en procesión la imagen, balanceándola constantemente. Hace unos años, la señora encargada de custodiar la ermita se suicidó inexplicablemente. Dejó un papel en el que decía que iba a «reunirse con la Virgen». Allí puede verse el árbol en el que se ahorcó.

NOCIVOS A NIVEL SOCIAL

Si es importante el aspecto negativo que la relación con los dioses tiene a nivel individual, lo es mucho más a un nivel general o social. Esta negatividad y perjuicio que la humanidad en conjunto recibe de su relación con los dioses es, en el fondo, el tema principal de este libro. Y si el título es *Defendámonos de los dioses* es porque se presupone que para la humanidad los dioses son algo perjudicial de lo que nos tenemos que defender.

Y para no dar por sentado y por probado algo que es el fundamento de todo el libro, insistiré un poco en este aspecto negativo de todo el fenómeno ovni, que es la manera que los dioses tienen de manifestarse en los tiempos modernos.

El axioma que yo tengo en mente y que considero sumamente importante que los individuos más evolucionados

tienen que aceptar y tener siempre presente es que *la humanidad entera es una especie de granja de los dioses;* una granja en la
que los animales domesticados son los hombres. Esta verdad
es durísima para la mente y para la sensibilidad humana, y le
confieso al lector que para mí fue un verdadero *shock* cuando, después de haberme resistido por mucho tiempo a acep-
tarla, un buen día no tuve más remedio que admitirla, ante
la reiterada contundencia de los hechos. Hechos que, no sé si
por desgracia o por suerte, son desconocidos por la mayoría
de los humanos, y ello es la causa de que se nieguen a admitir este axioma cuando lo oyen por primera vez.

Junto con este axioma general y fundamental podríamos
enumerar otros igualmente importantes para comprender muchos aspectos de la vida humana que de otra manera serían completamente inexplicables. He aquí algunas de estas verdades:

Hay dioses neutros, benéficos y maléficos
Hoy sabemos con seguridad que entre las muchas razas extraterrestres conocidas y catalogadas por el Dr. Michael Salla o
el contactado italiano Corrado Malanga hay dos o tres (especialmente una reptiliana) que sienten una gran antipatía por
la raza humana y que son las causantes de la mayor parte de
los males que siempre nos han aquejado[25].

*Los dioses nos ven y nos tratan poco más o menos como
nosotros vemos y tratamos a los animales*
A los animales a veces los matamos, los maltratamos, los ca-
zamos, o por el contrario los mimamos, los protegemos, los
alimentamos y los defendemos de peligros que puedan tener.

---

25 Este punto que he actualizado es el tema de mi libro *Teovnilogía,* publicado
recientemente por Diversa Ediciones. [*Nota del autor a la actual edición*].

Pero con todas estas acciones, tanto en unos casos como en otros, lo que los hombres pretendemos fundamentalmente es darnos gusto a nosotros mismos. El dueño cuida a su caballo de carreras o al toro de lidia porque le va a dar dinero, gloria o satisfacción al verlo actuar, pero luego no tiene inconveniente en venderlo para carne para sacarle el último provecho. (El que ocasionalmente alguien se niegue a venderlo y hasta le haga un monumento no contradice en nada a lo que estamos diciendo; con esta acción, el ser humano está únicamente desfogando y manifestando los nobles sentimientos de su corazón, y en cierta manera dándose gusto a sí mismo en la manifestación del aprecio que tiene por el animal).

Para que veamos más claramente este aspecto egoísta de nuestra relación con los animales, consideremos el caso tan frecuente de los gatos, a quienes sus amos suelen hacer arrancar las uñas (eso sí, por un veterinario y sin dolor) para que no estropeen los muebles de casa; o el aún más drástico de la castración a que son sometidos tantos animales, y en concreto tantos perros y gatos, que, por otro lado, son tan consentidos y tan bien tratados en los mismos hogares.

Si le preguntásemos al perro o al gato si le gusta que le arranquen las uñas o que lo castren, seguramente nos dirían que de ninguna manera, y de hecho, por mucho que quieran a sus amos, se defenderían como pudieran contra tamaña injusticia. Y si les preguntásemos a sus respectivos amos si de veras quieren a los animales, nos enseñarían las facturas de lo que les cuesta el veterinario y todas las latas de comida que les compran al cabo del año. Y sin embargo los castran, les arrancan las uñas, los privan de su libertad, etc. ¿Cómo es posible que se den conductas tan antagónicas? Por lo que más arriba dijimos: porque el hombre, en su trato con los animales, busca primordialmente darse gusto a sí mismo; y en muchas ocasiones, ese gusto consiste en ser bueno con los animales.

Además, en estos casos podemos ver claramente lo que ya indicamos con anterioridad: que lo que el animal ve como una gran injusticia, el hombre lo ve como un derecho que tiene sobre el animal.

También hay que reconocer, tal como ya indiqué anteriormente, que a veces se da una innegable y excepcional relación amistosa o bien de antipatía entre ciertos dioses[26] y ciertos seres humanos, lo mismo que muchos hombres y mujeres desarrollan un amor específico por determinado animal con el que han convivido mucho tiempo o por cualquier otra causa. No nos referimos pues a estos casos peculiares, sino a la relación general que puede haber entre los dioses y los hombres.

Los dioses nos usan

Esa creo que es la afirmación más abarcadora que se puede utilizar para describir su relación con nosotros. Por duro que pueda parecer, el verbo usar es el que mejor describe la motivación que ellos tienen para relacionarse con nosotros. En un capítulo anterior ya abundé en este tema, cuando dije que se acercaban a nosotros por placer o por necesidad. También en esto hay un total paralelo con nuestras relaciones con los animales[27].

---

26 Digo «ciertos dioses» porque la mayoría de ellos no pueden interferir. Interfieren solo aquellos que tienen un gran poder y otros que, por estar su nivel de existencia, o su grado de evolución, más cercano al nuestro, encuentran más fácil el traspasar la barrera que de ellos nos separa.

27 Poco a poco hemos ido convenciéndonos de que muchas razas de grises nos usan para mejorar su propia raza mediante la creación de híbridos o de algún tipo de clonación y valiéndose de sus grandes conocimientos en genética. He conocido y me relaciono con personas que han sido contactadas por grises de diversas razas y que han sido llevadas a túneles en los que había cantidad de criaturas que eran el resultado de estas experiencias. [*Nota del autor a la actual edición*].

A los dioses malignos no les importa nuestro sentir
A estos dioses no les interesan ni les importan mucho nuestros juicios o nuestras reacciones a su manera de actuar con nosotros (excepto en los raros casos en los que se haya desarrollado una relación especial e individual entre el dios y el hombre). Hablando pues globalmente, y considerando no a este o aquel hombre sino a la humanidad en general, se puede decir que a los dioses no les importa si el fin de su acción o acciones es perjudicial a toda la humanidad; si les conviene a ellos, lo harán, aun sabiendo que nos perjudica.

Nos preguntamos entonces: ¿dónde está su moralidad? Ya hemos contestado anteriormente a esta pregunta: su moralidad rige solo entre ellos y no se extiende a nosotros, de la misma manera que la moralidad humana rige solo entre los humanos, no la extendemos a los animales a pesar de que vemos que estos defienden y luchan por su vida con el mismo ahínco que nosotros defendemos y luchamos por la nuestra.

En sus relaciones con nosotros, el interés de ellos es siempre el que prima y el que priva; si algo les conviene y nos ayuda, lo harán; y si algo les conviene y nos perjudica, lo harán igualmente.

Toda la historia humana ha sido sutilmente guiada por ellos, de modo que nosotros hemos hecho lo que a ellos les convenía
Con esta frase estamos contestando a la última pregunta que nos habíamos formulado en este capítulo y estamos entroncando con la idea general que íbamos desarrollando: ¿por qué la relación de los dioses con nosotros, considerada de una manera global, nos es perjudicial?

Lo es porque al interferir en el desarrollo de la historia humana interfieren en la evolución de toda la humanidad hacia niveles más altos de cultura, de civilización, de convivencia, de espiritualidad y hasta de tecnología. Y esto es lo que en realidad ha estado sucediendo hasta ahora, sin que los hombres cayésemos en la cuenta. La raza humana ha visto repetidamente frustrada su ascensión hacia estos mayores niveles de conciencia debido a la intervención de los dioses, interesados en que el hombre no madurase y continuase a su servicio. Para ello han usado todos los trucos y falsas pautas a las que hemos hecho referencia en el capítulo anterior (patrias, lenguas, guerras, tradiciones y, sobre todo, religiones y dogmas), que han tenido al espíritu humano estrangulado durante milenios.

Los malignos ayudan en lo que les conviene

No se puede negar que hay un paralelismo entre lo que los dioses han hecho con nosotros, desde un punto de vista cultural y evolutivo, y lo que muchos países colonizadores han hecho con sus colonias; aunque aparentemente las han ayudado a progresar, sin embargo lo han hecho teniendo siempre en cuenta el interés de la metrópoli por encima del interés de la colonia. En muchas ocasiones, cosas que positivamente perjudicaban a la colonia se hacían, porque beneficiaban a la metrópoli; y en otras, se puede decir que de manera premeditada se planeaba la no evolución de la colonia para evitar que eso le trajese, a largo plazo, problemas al país colonizador, y al mismo tiempo lograr que los «nativos» siguiesen obedeciendo mansa e infantilmente las consignas que les llegaban de la metrópoli.

Al lado de esto, no se puede negar que, en muchos otros aspectos, las metrópolis han ayudado a progresar a sus colonias debido a que este progreso convenía de alguna manera al país conquistador, o también porque la evolución era algo connatural a todo el proceso, y no se tomaban el trabajo de detenerla. Este aspecto beneficioso que indudablemente se da en muchos casos de contacto individual con los «extraterrestres» es el que única y miopemente ven algunos de los investigadores del fenómeno ovni.

El fenómeno de la «iluminación», que describimos en un capítulo anterior, al que han sido y siguen siendo sometidos muchos humanos, tiene un aspecto positivo grande: la mente del iluminado se expande enormemente, siendo capaz de comprender y de realizar cosas que anteriormente hubieran sido completamente imposibles para él[28]. No solo eso, sino que a veces este mejoramiento repentino de su espíritu se extiende al propio cuerpo, adquiriendo capacidades sobrehumanas con las que es capaz —junto a sus dotes mentales mejoradas— de convencer a una gran cantidad de personas, realizando hazañas o fundando movimientos o instituciones que, con frecuencia, han hecho cambiar el curso de la historia.

REDENTORES, SALVADORES Y AVATARAS

Este es el caso de los grandes avataras y fundadores de religiones. Estos individuos, a pesar de que normalmente las diversas religiones nos los presentan como «seres divinos», «hijos de Dios», «enviados del cielo», etc., en realidad son solo seres humanos a los que los dioses han preparado para una

---

28 Sin embargo hay que hacer constar, como contrapartida, que es muy frecuente que a estos reformadores o inventores nadie les haga caso, y se vayan al otro mundo con sus fórmulas o sin haber logrado las grandes reformas que pretendían. Da la impresión de que los mismos que se las dictaron (o quién sabe si sus enemigos «extraterrestres») se encargan de que nadie los tomase en serio, a pesar de lo beneficioso de sus innovaciones. De esto hay innumerables casos.

extraordinaria misión entre sus hermanos los hombres; los han dotado de tales cualidades psíquicas, y les han otorgado tales poderes sobre la materia, que a los ojos de los demás mortales aparecen como «auténticos dioses».

Es el caso de un Buda, de un Crishna, de un Quetzalcóatl, de un Viracocha o de un Bochica, según indicamos en el primer capítulo. Y aunque esto pueda parecerle blasfemo a todos los creyentes de las religiones, si se tomasen el trabajo de investigar los increíbles paralelos que hay entre las vidas de los fundadores de sus respectivas creencias no estarían tan seguros de su divinidad[29]. Pero desgraciadamente para la inmensa mayoría de los creyentes de todas las religiones, «la fe no se piensa; la fe se admite y se siente». Y muy bien podría ser la razón de esto el hecho de que se tiene un miedo inconsciente a encontrarse con que la fe no tiene un fundamento racional, sino que flota en el vacío, apoyada únicamente en sentimientos, con lo que el creyente se quedaría entonces en el aire, sin una base sólida en la que apoyarse. Los dioses se han encargado, a lo largo de los milenios, de hacernos unos animales rutinarios: rutinas somáticas y rutinas mentales. Pensar libremente, en la mayoría de nuestras sociedades tradicionales, es un auténtico pecado, muy mal visto por las autoridades.

Pero uno podría lógicamente plantearse: el hecho de que se tomen el trabajo de preparar a estos avataras que luego fundan movimientos o religiones que impulsan la evolución moral de los pueblos, ¿no es una ayuda que los dioses nos ofrecen? Pues bien, al contestar esta pregunta, estamos ahon-

---

29 No tengo inconveniente en admitir que Cristo era un «hijo de Dios», pero para ello tendría que admitir previamente la simplista idea de Dios que tiene el cristianismo. Dios es algo mucho más complejo y por supuesto mucho mejor de lo que los teólogos nos han venido diciendo durante siglos. [*Nota del autor a la actual edición*].

dando en las razones de por qué la interferencia de los dioses en la vida humana es más perjudicial a un nivel general y masivo que a un nivel individual.

De las religiones se puede decir lo mismo que de las andaderas que antaño se usaban para los infantes: los ayudaban a comenzar a caminar, a no caerse, y los defendían de muchos golpes a los que estarían expuestos si no estuviesen rodeados de dicho artefacto. Pero pasado un tiempo, cuando el niño ya puede caminar por sí mismo, las andaderas se convierten en una auténtica rémora. Y si al cabo varios años el niño sigue todavía necesitando las andaderas para caminar, eso querrá decir que las andaderas se han convertido en un grave daño para él, que le impiden desarrollar sus facultades naturales.

Por otro lado, a las religiones les pasa con respecto a las sociedades lo mismo que les ocurre a muchas de las capacidades y «poderes» con respecto a los individuos que los consiguen mediante el proceso de «iluminación» o de «contacto»: son, en ciertos aspectos y hasta cierto punto, buenos, pero de ahí en adelante les hacen daño.

Pros y contras de las religiones

Hablando en general, las religiones tienden con sus enseñanzas a nivelar la humanidad. Lo hacen predicando que todos somos hijos de un mismo Padre, y haciendo siempre hincapié con sus enseñanzas en los dos grandes mandamientos sobre la justicia y el amor. Si el cristianismo hubiese dedicado todos sus esfuerzos a que estos dos mandamientos fuesen una realidad en nuestro mundo, aunque no hubiese logrado ninguna otra cosa el cristianismo sería considerado con todo derecho la institución más beneficiosa de toda la historia humana.

Es innegable que, en tiempos pasados, tanto el cristianismo como las otras religiones ayudaron mediante estos principios básicos a convertir a pequeñas sociedades feudales, atomizadas por un sin fin de caudillos y creencias, en una gran sociedad donde la dignidad humana era más respetada y donde el hombre ensanchaba los límites de su pequeña tribu o pueblo, sintiéndose por primera vez hermano de los demás hombres.

La religión espiritualiza al hombre, constantemente lastrado por su carne y por sus instintos de animal, al recordarle su vocación hacia el más allá después de la muerte; y por otro lado, frena el desarrollo de estos primitivos instintos y de las inclinaciones torcidas, al amenazar con castigos después de la vida a todos aquellos que no se hayan atenido a las leyes que predica... Por último, no se puede negar que para millones de creyentes la religión sirve como un gran tranquilizante ante el estremecedor interrogante de la muerte, y como un fortalecedor para los momentos de desgracia y de dolor que tanto abundan en este mundo y para los que la inteligencia humana nunca ha tenido una explicación convincente.

Naturalmente, un fiel cristiano nos diría que el principal beneficio de la religión es el hecho de habernos puesto en contacto directo con Dios, al manifestarnos su voluntad sobre nosotros y al prometernos los auxilios espirituales necesarios para entrar en el reino de los cielos. Pero no hay que olvidarse de que estamos hablando de una manera genérica de todas las religiones, viendo lo que todas ellas tienen de beneficioso para el hombre. Probablemente cada una nos diría lo mismo que nos dice el cristianismo acerca de la verdad y de la exclusividad de sus creencias, lo cual nos pondría lógicamente en guardia acerca de su «verdad».

Echémosle ahora un breve vistazo a las partes negativas de la religión, considerada como un conjunto de creencias y de ritos mediante los cuales conseguir algún tipo de salvación tras la vida.

El primer aspecto negativo que señalaremos en las religiones es el de su institucionalización, lo que, tarde o temprano, las lleva a constituirse en «poder» o en auxiliar del poder constituido (que frecuentemente en la historia, por no decir siempre, ha sido opresor). Las religiones que comenzaron siendo meros principios moralizantes con los que los pueblos mejoraban sus costumbres, acaban convirtiéndose en instrumentos sociales o políticos de poder, en manos de unos pocos que usan «la voluntad de Dios» para fines totalmente ajenos a los principios de sus fundadores. Fruto de esta traición a los principios de sus fundadores y a su voluntad de servicio a los hombres, y no de dominio, es la paralización en el espíritu y en la mente que causa en los fieles. Estos, confusos ante una falta de lógica (dogmas inadmisibles), y rebeldes ante imposiciones absurdas o injustas (no al divorcio y la píldora, etc.), optan por languidecer en la vida espiritual, contentándose con seguir mecánicamente las tradiciones para no hacerse notar en la sociedad. Pero no buscan, que es en definitiva la esencia del espíritu religioso y que es en el fondo el motor de la evolución de la mente y del espíritu.

Esta paralización de la mente degenera en aquellos menos dotados de cualidades intelectuales en el nefasto fanatismo que tantos males le ha acarreado a la humanidad a lo largo de la historia. El fanático es el individuo que, convencido como está de poseer toda la verdad e incapaz por otra parte de pensar por sí mismo (o quién sabe si muerto de terror por las horribles cosas que le han hecho creer), opta por defender contra viento y marea y con los medios que sea «la verdad incambiable» que él posee. Y en el caso del fanatismo religioso, como esta verdad está directamente relacionada con Dios, el fanático se negará a oír cualquier razonamiento y, lo que es peor, usará cualquier medio, por injusto que sea, para defender la honra del Supremo Dueño de la vida y del Sumo Juez. ¡Cuántos horrores han cometido los fanáticos religiosos a lo largo de la historia por defender la causa de Dios!

Pues bien, esta paralización de la mente se extiende a todos los ámbitos de la vida humana. Los pueblos muy religiosos y sobre todo aquellos que han ajustado fielmente sus vidas a algún «libro sagrado» han visto frenada su evolución de manera drástica. Los pueblos islámicos son un claro ejemplo de esto; y aunque habrá personas a las que esto les parezca una blasfemia, la fidelidad a la Biblia tuvo paralizado durante mil ochocientos años el desarrollo técnico y social de las naciones cristianas. Cuando hace aproximadamente un siglo y medio los librepensadores rompieron las cadenas con las que la Biblia tenía atadas las mentes del mundo occidental, este comenzó a desarrollarse a toda prisa y avanzó más en cien años de lo que lo había hecho en dieciocho siglos. Aparte del popular caso de Galileo, hay muchos otros menos conocidos para probarlo.

Además, tal como ya apuntamos anteriormente, las religiones separan a la humanidad en grupos. Unen entre sí a los que profesan la misma fe, pero los separan de aquellos que no lo hacen. Y no solo eso, sino que en el seno de una misma religión son numerosísimos los casos de divisiones y odios por interpretaciones diversas de un mismo mandamiento o precepto. Las guerras religiosas llenan la historia y es inútil ponerse a dar ejemplos que hasta los niños de la escuela conocen. Además, en la actualidad nos basta con mirar en internet.

Transcribo la cita de Bertrand Russell acerca de esto mismo tomada de su libro *Por qué no soy cristiano*:

Cuanto más intensa ha sido la religión en cualquier período y más profunda la creencia dogmática, mayor ha sido la crueldad y peores los incidentes. En las llamadas «edades de la fe», cuando los hombres creían realmente en la religión cristiana en toda su integridad, existió la Inquisición con sus torturas; muchas desdichadas mujeres fueron quemadas por brujas, aparte de muchísimas crueldades practicadas contra toda clase de gente en nombre de la religión.

Algunos falsos principios religiosos, antinaturales y traumatizantes, inventados por fanáticos o por psicópatas constituidos en autoridad, e inculcados en las almas infantiles de miles y miles de creyentes, han sido la causa secreta de muchas neurosis que más tarde afloraron en la edad adulta, causando infelicidad y conflictos. El fiel cristiano es un pobre hombre acomplejado que, si se «salva», no es por méritos propios, sino únicamente por los méritos de Cristo, como si en principio hubiese nacido para condenarse irremediablemente. Con un panorama así, ¿qué cristiano puede tener una idea optimista de esta vida, si desde que nacemos nos la presentan como el valle de lágrimas en el que, a poco que nos descuidemos, nos haremos reos de un fuego eterno?

Las religiones le tienen miedo al placer o por lo menos desconfían de él. La renuncia al placer es casi una idea fija en el cristianismo y un tópico para todo aquel que quiera perfeccionar su espíritu. Y lo mismo podemos decir de las demás grandes religiones. En cambio, parece que gozan con un regusto masoquista al buscar el dolor por el dolor, como si en él hubiese encerrada alguna energía secreta para la otra vida. Alguien podría decirnos que el dolor no es más que el fracaso del Dios Padre y providente que nos presenta el cristianismo.

¿Por qué nuestro Padre tiene que exigirnos dolor? Y ¿por qué atesorar energías para la otra vida a costa de esta, que es la que tenemos entre manos en este momento?

¡Cuántas palabras han gastado todos los doctrinarios de todas las religiones en explicarnos el misterio del dolor en el mundo, y qué mal han contestado al enorme interrogante que este nos presenta! ¿No habíamos quedado en que el dolor de Cristo en la cruz era el que nos redimía? ¿Para qué añadir entonces el dolor de esta pobre hormiga humana, que contra su voluntad es devorada por la tierra cuando apenas le ha permitido vivir unos días? ¿No tendremos derecho a pensar que, en caso de necesitar una salvación, nuestro dolor y nuestra muerte son los que nos salvan? ¿Y no será más bien que no hay necesidad de salvación alguna, y que ni el dolor ni el placer tienen nada que ver con lo que la religión nos dice?

«PRINCIPIOS MORALES» FALSOS

Hasta aquí los pros y los contras de las religiones, considerados de una manera general. Enfocando este mismo tema de una manera más concreta y desde el punto de vista que nos interesa en este capítulo, podemos decir por qué la humanidad debe defenderse de los dioses y de las creencias que ellos nos han estado imponiendo desde el principio de los tiempos: porque la fidelidad a tales credos hace que no podamos progresar en una línea verdaderamente humana; es decir, obedecer y seguir unos mandamientos que en muchas ocasiones son antihumanos hace que el hombre no evolucione en una dirección natural a su manera de ser. En muchos aspectos hemos desarrollado una moral completamente artificial que no está de acuerdo a las necesidades y a la naturaleza del ser humano.

Muchas cosas que los moralistas llaman «ley natural» podrían llamarse, con mucha razón, «ley antinatural». Algunas de ellas van contra la naturaleza, pero como se encuentran en los «libros sagrados» (o las autoridades religiosas las deducen directamente de ellos), nos las quieren imponer como «leyes naturales» cuando en realidad son «leyes bíblicas» artificiales que en nada benefician a la humanidad.

Allá los textos bíblicos y sus «inspirados» autores con sus raras ideas sobre la vida. La realidad es que tal prohibición, tal precepto moral y tal ley natural son un error mayúsculo que, además de ir contra el sentido común, atenta de varias maneras contra la vida familiar, y a fin de cuentas es nocivo para el buen desarrollo de la sociedad. Menos mal que gracias a una auténtica ley natural, la mayoría de las parejas católicas tienen sentido común y lo usan en situaciones como esta para prescindir de imposiciones equivocadas. Y lo mismo se puede decir del divorcio. El divorcio es un mal necesario en una sociedad donde los matrimonios se hacen de la manera tan superficial (por no decir tan estúpida) como se hacen.

Al estar más atentos a lo que dicen los «libros sagrados» o «la autoridad» que a lo que dice el sentido común o la pura razón, o que a lo que le conviene a la humanidad, no solo frenamos nuestra evolución como seres inteligentes —con unas tendencias y aptitudes naturales—, sino que vamos por caminos que a la larga son perjudiciales para nosotros. Y esto es, ni más ni menos, lo que ha estado pasando a lo largo de los siglos y de los milenios. La historia humana, vista desapasionadamente, es algo que no tiene sentido; es un enorme conjunto de disparates, con mucha frecuencia monstruosos, cometidos increíblemente por el animal «más inteligente» del planeta.

¿A qué se debe que hayamos estado en discrepancias perpetuas y que hayamos estado dormidos, en cuanto a adelantos técnicos, hasta hace solo menos de cien años? La única respuesta está en que no nos han permitido usar libremente la cabeza; la respuesta está en que nos han tenido entretenidos defendiendo «principios», «causas» y «tradiciones» que en nada ayudan al desarrollo de la raza humana. Nos han tenido empleando todas nuestras energías en ser fieles a diversas doctrinas religiosas; nos han tenido construyendo templos y elaborando complicadísimos sistemas teológicos en lugar de construir fábricas y en lugar de pensar en cómo superar el hambre que tantos humanos han padecido y siguen padeciendo; nos han tenido «haciendo méritos» para el más allá mediante penitencias, renunciaciones y devociones; nos han tenido matándonos en defensa de nuestras respectivas patrias; nos han tenido acomplejados con la creencia de que este mundo es un valle de lágrimas y únicamente un lugar de paso para el otro...

¿Cómo han logrado los dioses meternos en la cabeza —a nosotros, seres tan inteligentes— todo este complejo y absurdo mundo de ideas, de tradiciones, de principios morales y de leyes «naturales»? Lo han logrado con las estrategias que explicamos en el capítulo anterior. Las lenguas, las patrias y las religiones, y, como resultado final, las guerras, han sido los medios con los que los dioses se han valido para tenernos engañados, divididos y peleando sin parar, de manera que no nos entendiésemos y no uniésemos nuestros esfuerzos físicos y mentales para ponernos en camino de una evolución verdaderamente humana.

Una nueva moral

Recientemente el mundo occidental ha roto las cadenas bíblicas y dogmáticas en lo que se refiere a nuestras posibilidades físicas y materiales, y por eso estamos progresando a pasos agigantados. Ya no creemos que es pecado volar, practicar trasplantes de órganos, intervenir en la génesis y el desarrollo de la vida, entrar en estado de trance para asomarnos a otras dimensiones o bilocar el cuerpo sin que sea precisamente con la ayuda de Dios... Ya no aceptamos prohibiciones de las autoridades religiosas. Pero desgraciadamente, gran parte de la humanidad —incluido el mundo occidental— está todavía atada por muchos falsos «principios morales» referentes a la sociedad, a la familia y a los individuos. Sin que muchas veces caigamos en la cuenta, estamos aprisionados por multitud de costumbres y tradiciones —basadas, en el fondo, en principios religiosos— que hacen que las vidas de muchos seres humanos sean verdaderos presidios.

En otras palabras, estamos avanzando a gran velocidad en el terreno de la tecnología, pero nos estamos quedando atrás en el terreno de la moralidad. Digo esto entendiendo la «moralidad» no como ha sido entendida hasta ahora esta palabra, sino como sinónimo de «humanidad» o de «humanismo». Es decir, hasta ahora, engañados, habíamos desarrollado unos patrones de conducta y una moralidad «divina» que convenía a los dioses, pero que ha sido muy perjudicial para la raza humana. Lo que necesitamos es desarrollar una moralidad *humana,* es decir, unos principios morales que sean afines a nuestras necesidades y que nos lleven a ser unos seres humanos más evolucionados, menos deshumanizados y más de acuerdo con nosotros mismos.

La ética individual y social y los principios morales por los que se rige actualmente la humanidad, en buena parte no sirven para el hombre de hoy. Esa es la razón de la criminalidad y el caos moral reinante en el mundo. Son principios morales y jurídicos artificiales, absurdos y en muchos casos estúpidos que en el fondo fomentan el egoísmo humano y, a la larga, lo que hacen es defender y alentar a los antisociales.

En esta nueva moralidad humana que tenemos que crear existirán ciertas normas y «leyes naturales» drásticas —a las que en la actualidad no estamos habituados—, pero que van a ser de gran ayuda para la evolución del hombre del futuro y, de paso, para el ordenamiento de esta sociedad caótica en la que vivimos.

Esta es la razón fundamental por la que tenemos que defendernos de los dioses: porque no nos dejan ser hombres.

No nos dejan ser auténticos hombres racionales (y la prueba está en la horrenda historia humana), porque quieren que sigamos siendo sus esclavos inconscientes y sumisos, proporcionándoles mansamente lo que buscan entre nosotros y porque, en definitiva, temen que lleguemos a ser sus rivales en el dominio del planeta.

No olvidemos la escena bíblica y mitológica (los mitos son con frecuencia la historia distorsionada de la intervención de los dioses en la vida de los pueblos antiguos) en el Paraíso Terrenal: «No quiere que comáis del Árbol de la Sabiduría porque si coméis *seréis como dioses*». En el último capítulo abundaré más sobre el particular.

Mientras la humanidad no caiga en la cuenta de esto, seguirá siendo una humanidad niña. Este conocimiento y esta rebelión son el arranque de una nueva teología: la teología de los dioses. La vieja teología que buscaba a Dios para adorarlo y para entregársele ha resultado ser engañosa y dañina para el hombre; la nueva teología que estudia a los dioses para desenmascararlos es la verdadera. Con esta nueva teología el hombre ocupará el lugar que le corresponde en el universo y dejará de verse como un pobre esclavo pecador, desterrado en este valle de lágrimas, y que busca desesperadamente a alguien que lo redima y lo salve de una condenación eterna.

No quisiera que el lector, después de leer los párrafos precedentes de esta edición revisada y actualizada, se quedase con la impresión de que yo soy defensor de una moral relajada y de que me encuentro satisfecho con la degeneración actual en la que se encuentran las costumbres de nuestra sociedad. Reconozco que ciertos doctrinarios en el cristianismo se pasaron y le achacaron a Dios mandamientos y prohibiciones que ellos habían inventado en su fanatismo, contribuyendo con esto al rechazo que mucha gente siente contra la religión. Pero reconozco también que la implantación de la funesta ideología de género (amparada por la ONU y la UNESCO y traidoramente extendida por la masonería mundial) se ha ido extendiendo e imponiendo como algo natural por todas las naciones, ayudando enormemente a la depravación de las costumbres y al caos que poco a poco va imponiéndose en nuestra sociedad.

CÓMO DEFENDERNOS
DE LOS DIOSES

Comenzaré este capítulo con dos afirmaciones que pueden parecer extrañas:

1.ª *Si ciertos dioses deciden interferir en la vida de un hombre, el hombre no tendrá prácticamente medios para impedirlo y estará a merced de lo que el dios quiera hacer con él.*

Esta afirmación, puesta así a secas, suena terrible, pero por dura que parezca, es algo que a lo largo de los milenios ha sucedido repetidas veces. Este fatalismo (que claramente vemos cumplido en las vidas de ciertos hombres), todas las religiones han tratado de sublimarlo o de explicarlo de mil maneras; pero no han sido capaces de evitarlo, porque los dioses a los que invocan son precisamente los que lo causan, por mucho que se presenten como «padres» y como «bienhechores». Y lógicamente, algunos de ellos superiores y más interesados en ayudar a los humanos, son los que se encargan de mandarnos, de vez en cuando, «salvadores» para que a los hombres no nos entre la desesperación ante tantas situaciones adversas y ante tanto dolor y sufrimiento inevitables en nuestras vidas. Dolor y sufrimiento causado en gran parte por ellos, y admitido y sufrido por nosotros como si fuese algo natural a nuestras vidas y a nuestra existencia en este planeta.

La segunda afirmación viene a contrarrestar la primera y a darnos un gran alivio tras la inquietud que pueda habernos quedado:

2.ª *Los dioses apenas suelen interesarse en las vidas privadas de los hombres, y rara vez suelen interferir en algún individuo en particular.*

A primera vista, podría dar la impresión de que esta afirmación está en contradicción con lo que venimos diciendo; sin embargo, no es así. Los dioses se interesan bastante por la humanidad considerada como un todo, o por lo menos en grandes grupos sociales homogéneos; pero se interesan poco en los individuos particulares, como no sea en aquellos que pueden ejercer gran influencia en mucha gente. Al igual que los hombres nos interesamos poco en determinada vaca, conejo o cerdo, mientras que la humanidad —hablando en general— siempre se ha preocupado de mejorar las razas de estos animales para que nos diesen un mejor rendimiento. Tal como he dicho repetidas veces, el mejor modo de estudiar, de una manera panorámica, la relación de los dioses con los hombres, es comparándola con nuestra relación con el mundo de los animales[30]. Por duro que esto suene, es ni más ni menos que la realidad.

---

30 Sobre este particular, recomiendo leer mi edición actualizada y revisada de mi libro *La granja humana*, publicado recientemente por Diversa Ediciones. [*Nota del autor a la actual edición*].

Pero volvamos al tema de cómo podemos defendernos de la injerencia de los dioses en nuestras vidas, sobre todo en nuestras vidas privadas.

Es un axioma que «debajo del agua, el pez más tonto le puede morder al hombre más listo». En nuestro mundo, los hombres estamos en nuestro elemento, y si nos mantenemos en él, a los dioses, quienesquiera que ellos sean o comoquiera que se manifiesten, se les hace más difícil interferir en nuestras vidas, porque están fuera de su elemento natural.

La deducción lógica de todo esto es la primera regla que tenemos que seguir para defendernos de ellos:

1.ª *No debemos trascender los límites de nuestro ambiente humano, o dicho en otras palabras, no debemos tratar de entrar en el terreno de ellos.*

Y entra en el terreno de ellos toda aquella persona que pretende «trascender» en esta vida. Quienes buscan el estado de trance, de cualquier tipo que este sea; quienes se suben a lo alto de ciertas montañas en ciertas épocas para entrar en contacto con ellos; quienes preparan su mente con ritos mágicos o religiosos (no tenemos que olvidarnos de que la magia es la otra cara de la religión); todas estas personas están entrando en el terreno de los dioses; y si no precisamente entrando, al menos se están acercando a los límites del terreno humano, donde los dioses se manifiestan más fácilmente, y donde los hombres ya no pueden usar con eficacia su gran arma defensiva, que es la inteligencia.

Antes dije que en cierta manera es peligroso acercarse físicamente a algunos predicadores, «fundadores», iluminados y místicos que tanto proliferan en nuestros tiempos. La razón es la misma: al hacerlo estamos entrando en su campo y estamos sometiéndonos, sin darnos cuenta, a sus radiaciones (radiaciones de tipo físico), parecidas en cierto sentido a aquellas a las que se somete un pavo en un horno de microondas, y en otro sentido a aquellas que salen de una antena de una emisora de radio. Nadie duda de que tras un rato el pavo sale cocinado; pero nadie sospecha que los cerebros (sobre todo si son cerebros de adolescentes) de quienes se ponen en contacto con iluminados están siendo también «cocinados» por las ondas que emiten los cerebros de estos instrumentos de los dioses; y al cabo de poco tiempo, ya no serán capaces de discurrir por sí mismos, sino que repetirán como robots todo lo que aquellos les digan. Es el caso de miles de jóvenes que han sido captados por las innumerables sectas que proliferan en el planeta. Los psicólogos están estudiando intensamente cuál es el sistema para lograr semejante lavado cerebral, y sobre todo para lograr su desintoxicación y desprogramación. Pero no lo encontrarán mientras no tengan en cuenta lo que aquí estamos diciendo.

Pasemos a otra gran regla para defenderse de los dioses, sobre la que ya hemos hablado anteriormente.

2.ª *No entreguemos jamás la mente a nadie.*
La mente tiene que estar siempre libre y disponible al servicio del ser humano para decirle cuáles son las circunstancias en aquel momento y qué es lo que debe hacer. Muchos seres humanos, ofuscados por lo que vieron o sintieron en un momento determinado, entregaron la mente, y desde entonces ya no fueron capaces de juzgar y de ver que las cosas que les mandaban creer y practicar no tenían sentido. Es el caso de todos los fanáticos religiosos y no solo fanáticos, sino de gran mayoría de creyentes de todas las religiones. Aceptaron de niños una fe que les fue implantada en el alma como un instin-

to y como un elemento cultural más, y ya no fueron capaces en toda su vida de cuestionarla ni de someterla a juicio; sencillamente la aceptaron como aceptaron el idioma, las costumbres, los gustos o el amor patrio.

Esto de «no entregar la mente» tiene una enorme importancia en estos tiempos en los que las grandes masas urbanas y la sociedad en general son manipuladas como un gran rebaño por todopoderosos medios de comunicación como la radio y la televisión, manejados con astucia por los profesionales de la manipulación de mentes. Hay que mantener siempre la mente en estado de alerta y no entregársela definitivamente ni a los líderes religiosos, ni a los líderes políticos, ni a los ídolos deportivos, ni a los médicos que nos tratan, ni a nadie. Todos se pueden equivocar, y todos en un determinado momento —aunque sea de una manera inconsciente— pueden estar actuando en interés propio, aprovechándose de nuestra credulidad. La mente de cada individuo tiene que ser siempre el último juez en las propias acciones, y el hecho de cederla a alguien para seguir ciegamente lo que él nos diga es un acto de suicidio mental que se opone diametralmente al gran mandamiento de la evolución, que es una de las leyes fundamentales del cosmos.

A medida que fueron pasando los años y cuando definitivamente me convencí de que, con toda buena voluntad, había pasado gran parte de mi existencia en este planeta con mi vida entregada a una causa sin sentido (debido a la «entrega de la mente» que hice en la adolescencia), me he ido haciendo más consciente de la importancia de no entregar la mente a nadie y usarla para analizar absolutamente todos los acontecimientos que me atañen más o menos de cerca.

Y para que el lector vea hasta qué punto se extiende esta actitud mía, le contaré una anécdota sucedida en México D.F. hace años.

Me encontraba en una sesión espiritista, a la que había acudido en busca de una persona que supuestamente practicaba la psicometría[31] con gran acierto.

La médium que dirigía la sesión (que desde el principio me inspiró sospechas de no ser auténtica) pidió que todos los que nos hallábamos en torno a ella nos diésemos la mano para hacer una cadena. Enseguida el que estaba en el extremo de la cadena recitó algo que, al parecer, era parte importante del rito de aquel centro: «Yo abro mi inteligencia a los espíritus que se quieran manifestar en esta sesión y rindo mi mente a sus enseñanzas». Todos repetían mecánicamente la misma frase. Cuando me llegó mi turno, yo sin dudarlo y con firmeza dije: «Yo paso». La médium abrió disimuladamente un ojo para ver quién era el audaz. Cuando entre cuchicheos me dijeron que era necesario que dijese algo «para no romper la cadena», yo dije: «Yo no entrego mi mente a nadie, porque la quiero tener bien alerta para ver qué es lo que pasa aquí». Naturalmente, ante la presencia de semejante blasfemo, los espíritus no quisieron manifestarse en aquella sesión. La entrega de la mente indiscriminada presupone que todos los espíritus o seres supra o extrahumanos son buenos o beneficiosos para el hombre, y por lo tanto actuarán en consecuencia. Pero esta manera de pensar, tal como hemos podido ver a lo largo de todo este libro, es completamente ingenua.

La tercera regla para defenderse de los dioses podría ser, en cierta manera, contraria a la que Moisés recibió en la ta-

---

31 En parapsicología se llama «psicometría» a la facultad que tienen algunos psíquicos de poder describir muchas de las cualidades de los propietarios de los objetos que el psíquico sostiene en sus manos, o de hechos relacionados con tales objetos, sin que tengan conocimiento alguno sobre ellos.

bla de piedra: «Me adorarás». Conociendo como conocemos a estas alturas a Yahvé, esto nos servirá de guía para enunciar nuestro siguiente mandamiento.

3.ª *No invoquemos a nadie. No llamemos a nadie para adorarlo. No nos postremos ante ningún dios-persona ni ante ningún dios-cosa para rendirle culto o para celebrarle ritos.*

El verdadero Dios del universo, la Suprema Inteligencia, totalmente incognoscible en su totalidad por la mente humana, no anda exigiendo, como un amante celoso, que sus criaturas le rindan constantemente adoración o le den muestras de amor. Esto sí encaja con la idea que en el cristianismo se tiene de Dios: un «fulano» muy poderoso que se parece muchísimo a nosotros, tanto en nuestros aspectos positivos como en los negativos. Un dios así es lógico que exija entrega, alabanzas y hasta regalos. Pero el Dios verdadero no es ningún pobre mendigo; el Dios verdadero continúa en su interminable tarea de crear, y se complace viendo cómo sus criaturas se desenvuelven cada una según su naturaleza, sin que tengan que estar constantemente volviéndose hacia Él para darle gracias o para pedirle que no las condene a algún castigo eterno.

Y al enunciar este mandamiento, estamos entrando en un terreno en el que la naciente teología cósmica se encuentra con la vieja teología dogmática y choca con ella frontalmente.

Cuando se invoca a alguien, se está propiciando su presencia; por un lado, se le está animando a que se manifieste y hasta, en muchas ocasiones, la energía mental de los fervientes adoradores está fortaleciendo físicamente la capacidad de manifestarse de un dios; y por otro lado, se está debilitando el propio psiquismo, disminuyendo su resistencia a las influencias externas y acondicionándolo con ello a recibir más sumisamente el «mensaje» o las imposiciones del dios.

En la vida humana, el adulto normalmente no va corriendo a cada paso que da a ver qué le dice su padre; sencillamente él tiene que tomar sus propias decisiones, y de hecho las toma, sin pensar que por eso ofende a su padre aunque viva todavía. En cambio, en el terreno religioso hemos sido adoctrinados y condicionados a no fiarnos de nosotros mismos y a tener que estar constantemente consultando a Dios para ver cuál es su voluntad en aquel preciso momento, y en la práctica siguiendo las directrices que, los que se autoproclaman sus representantes, nos han trazado de antemano.

La mejor adoración que de hecho le podemos rendir a Dios es el recto uso de las criaturas de la naturaleza, algo que en el cristianismo ha sido completamente menospreciado, siendo el abuso de la naturaleza algo que, según el punto de vista de los doctrinarios cristianos, no tiene nada que ver con la religión. El respeto a la vida —comoquiera que esta se manifieste— es en alguna religión oriental uno de los mandamientos fundamentales. En el cristianismo, este respeto se manifiesta solo en lo que respecta a la vida humana, y sin embargo, es muy corriente que los cristianos más fervientes sean defensores de la pena capital y demasiado proclives a las «guerras santas» para defender las causas de la moral, el honor patrio o las creencias religiosas.

Estos piadosos salvajes del siglo XX no tienen inconveniente alguno en fusilar a los que no piensen de igual manera. Y una prueba de ello son los innumerables fusilamientos de personas decentísimas, practicados en el bando nacional en la «gloriosa cruzada» de Franco. Es cierto que en el otro bando muy probablemente se hicieron más salvajadas; pero sus líderes no hacían ejercicios espirituales ni se consideraban «cruzados».

Cuando hablo de no invocar y de no postrarse para adorar a nadie, de ninguna manera estoy propugnando el ateísmo. En otra parte he escrito que el absolutamente ateo demuestra tener poca inteligencia. Lo que hago con esto es levantar al hombre y a la humanidad entera a un nivel de adultos, dejando de tener una idea infantil de Dios, como si Dios fuese un ser que está jugando al escondite con nosotros y los hombres tuviésemos que estar permanentemente corriendo detrás de Él.

La invocación a Dios —al Dios verdadero y no al dios de la Biblia— será hecha en el futuro de una manera mucho más racional y hasta mucho más digna, sin las características que en la actualidad tienen muchas invocaciones y adoraciones a las que se puede designar como humillantes para la dignidad del ser humano (yo no creo que Dios pretenda en ningún momento humillar la dignidad de sus criaturas), teniendo algunas de ellas ribetes de masoquismo.

Por otra parte, la importancia de no invocar radica en que el que llama —porque etimológicamente eso es lo que significa invocar—, tarde o temprano es escuchado, tal como nos dijo Cristo. Pero en este caso es escuchado para su mal, ya que está llamando a alguien desconocido que muy bien puede terminar abusando de la ingenuidad del invocante. Y esto es lo que le ha sucedido a la humanidad a lo largo de los milenios con las diferentes religiones y con los diferentes dioses que cada una de ellas invocaba.

El hombre buscaba y ha buscado siempre a la Causa Suprema, al verdadero DIOS, y las diferentes religiones le presentaban una imagen distorsionada de ese DIOS, personalizada en algún ser, que era el que a la larga se beneficiaba de las invocaciones de los mortales, aprovechando la energía que recibía de ellos para manifestarse de una o de otra manera.

Un ejemplo de la importancia de este «no invocar» lo tenemos, entre muchos otros, en el «juego» de la *ouija*. Esta peligrosa práctica (de la que hay muchas variantes) consiste en un tablero en el que hay dibujados símbolos, las letras del abecedario y números. Por encima de ese tablero se desliza con facilidad una pieza que inconscientemente es impulsada por los dedos de los concursantes apoyados sobre ella. Se hacen preguntas y la pieza empieza a moverse hacia los símbolos o hacia las letras, de modo que al final se obtienen respuestas más o menos claras y concretas a las preguntas.

Esta práctica va, en primer lugar, contra el primer consejo que dijimos y que consistía en no entrar en el terreno de ellos. La práctica de la *ouija* está al borde de los límites de la racionalidad humana, y por lo mismo, está ya en un terreno en el que a los dioses les es mucho más fácil manifestarse. Pero además de eso, y añadiéndole peligrosidad, en la *ouija* hay una abierta invocación o una invitación a la manifestación de estos seres desconocidos, y en cierta manera, superiores en inteligencia a nosotros. Como ya dijimos anteriormente, hay entre ellos muchas más diferencias de las que hay entre los seres humanos; y ante una invocación de este tipo, es muy probable que los superiores y más evolucionados de entre ellos no se manifiesten (sencillamente porque no les interesa), pero en cambio los menos evolucionados o inteligentes sean los que se presentan (bien por curiosidad hacia nuestro mundo o bien como un juego), y en ese caso, los invocadores se exponen a cualquier cosa.

El mero hecho de la invocación o de la invitación a manifestarse es lo que les ha dado los ánimos y la energía física para manifestarse, y probablemente no hubiese sucedido tal cosa si los humanos no les hubiesen facilitado el trabajo de saltar las barreras que los separan de nuestro mundo. Por eso los incidentes sucedidos en este tipo de ritos o «juegos» esotéricos son tan numerosos, y por eso tanta gente ha salido psicológicamente muy mal parada con el tiempo. (El lector tiene que saber que la dificultad que estos seres menos evolucionados tienen para saltar a nuestro mundo la tenemos también nosotros —y probablemente en grado mayor— para saltar al suyo. Y sin embargo la podemos también vencer mediante ejercicios mentales o físicos, ingestión de drogas, etc.).

Por último, diremos que el que invoca se expone a «ser parasitado», tal como se dice en ciertos ambientes de «iniciados». Es decir, por un lado, el dios puede habituarse, viciosa y exclusivamente, a cierto tipo de energía que extrae de determinado invocante, al que acudirá una y otra vez, con exclusión de todos los demás, porque le ha cogido un gusto especial a la energía que emite ese ser humano. Por otro lado, puede suceder que se cree un *rapport* entre el dios y el invocante; tras unas cuantas manifestaciones, el dios puede aprender a extraer su energía con gran facilidad de determinado invocante (haya mediado invocación o no) y parasitar de ahí en adelante en él, ya que le resulta muy fácil conseguir lo que quiere. (Es el mismo tipo de *rapport* o relación especial que se da entre un buen hipnólogo y una persona que ha sido varias veces hipnotizada por él; con una gran facilidad, y aun estando a distancia y sin que el hipnotizado dé su asentimiento, el hipnólogo puede hacerlo caer en trance hipnótico. La razón es que las ondas cerebrales del hipnotizado están ya, de alguna manera, sintonizadas con las ondas cerebrales del hipnólogo).

En estos casos —que son mucho más abundantes de lo que se cree—, el ser humano, por su culpa, será víctima de algún tipo de debilidad o enfermedad, más o menos grave, contra la que poco será lo que él o los médicos puedan hacer.

Aunque a muchos doctos esto puede sonarles a puras hipótesis absurdas, deberían reflexionar en un hecho admitido —y sacralizado— que confirma por completo estas hipótesis. Me refiero a las enfermedades que, como cosa normal, sufren todos los místicos en el cristianismo. Y no hay que andar buscando causas físicas para dichas enfermedades, puesto que sus biógrafos y sus autobiografías nos dicen claramente y sin rodeos cosas como: «El Señor era el que los hacía sufrir para su perfeccionamiento y para la salvación de otras almas». Es clásica la frase de Cristo a Santa Teresa: «Yo trato mal a mis amigos», refiriéndose precisamente a estas enfermedades, sufrimientos y «noches del alma», a las que prácticamente todos los místicos se ven sometidos. Se ofrecieron como mansas ovejas, y algún dios maligno parasita en ellos de una manera inmisericorde, por supuesto muy bien disimulada y sublimada con explicaciones de la «teología ascética».

Hemos llegado a la importante conclusión de que un místico en éxtasis (en cualquier religión), con el sufrimiento y la felicidad reflejados simultáneamente en su rostro, es el ejemplo perfecto y el momento culminante de la relación de un dios menor con un mortal. El dios atormenta al ser humano que se le ha entregado, y este le ofrece gustoso su dolor, mientras, a cambio, el dios le proporciona una especie de orgasmo psíquico para que el místico no desmaye y su cerebro pueda seguir produciendo las vibraciones que tanto agradan al dios. En este estado alterado de conciencia, los místicos pueden ser engañados muy fácilmente y de hecho lo han sido en muchas ocasiones. No en vano los grandes escritores ascéticos ponen en alerta a las almas piadosas acerca de este tipo de engaños de los espíritus malignos.

Y con el tema de las enfermedades hemos entrado en la siguiente regla, que yo le sugeriría seguir al lector para defenderse de la injerencia de los dioses en su vida.

4.ª *No les ofrezcamos nuestro dolor. No nos brindemos a sufrir. Rechacemos el dolor por el dolor y no lo busquemos nunca.*

Rebelémonos contra el sacro masoquismo, que como sacramento ha estado entronizado en la Iglesia cristiana durante siglos.

A alguien podrán sonarle estos consejos como la quintaesencia del egoísmo, y querrán refutarme diciendo que en la vida hay que sacrificarse necesariamente en muchas ocasiones. Los padres tienen que sacrificarse mucho para criar a sus hijos, hasta que estos llegan a poder valerse por sí mismos; uno tiene que sacrificarse por los enfermos, por los ancianos, etc., y no precisamente por principios religiosos, sino por una ética natural.

Estoy totalmente de acuerdo con este razonamiento. Pero el lector debe caer en la cuenta de que estos sacrificios van dirigidos hacia los seres humanos; son para subsanar debilidades de seres como nosotros, que por especiales circunstancias o por el orden normal de la naturaleza tienen una necesidad especial de auxilio. No van dirigidos a Dios. Y aquí es donde radica la diferencia. No tiene nada de raro que un ser humano ayude a otro aun a costa de su dolor, pero tiene muchísimo de extraño e inexplicable que Dios esté exigiendo dolor y sacrificio a unas criaturas inferiores como los hombres. Y es algo sobre lo que la humanidad —por lo menos los hombres y mujeres que tienen tiempo y capacidad para pensar sobre la vida un poco más a fondo— debería haber reflexionado hace mucho tiempo: ¿por qué en todas las religiones el dolor, la renunciación y el sacrificio tienen un papel tan importante? ¿Por qué, según todos los líderes religiosos de todos los tiempos, los hombres tenemos que sacrificarnos por los diferentes dioses en los que creemos, y no solo eso, sino que tenemos que sacrificar con nosotros a los animales? ¿En qué se diferenció de las religiones antiguas, en este particular, el judaísmo primero, con su sacrificios de animales exigidos por Yahvé, y el cristianismo después, con el cruento sacrificio de su fundador, con la sacralización de la renuncia a los placeres en toda la vía ascética y finalmente con la sublimación del dolor y la muerte, en la selección de la cruz, el símbolo cristiano por excelencia?

Si el dios cristiano fuese realmente un padre, ¿por qué iba a exigirles a sus hijos el dolor y la cruz? Todas las explicaciones que tanto el cristianismo como las demás religiones nos dan para solucionar este misterio no tienen consistencia alguna y se desvanecen cuando uno las considera sin fanatismos y sin prejuicios. Hacer nacer al hombre ya reo de un pecado y amenazarle enseguida con un fuego eterno son aberraciones que solo caben en mentes enfermas, y ya va siendo hora de que los humanos civilizados nos liberemos definitivamente de ellas.

La única explicación a este misterio del dolor es la que venimos dando a lo largo de este libro: *Dios no quiere el dolor humano; los dioses sí lo quieren* (porque en algún grado se benefician de él).

Lo malo está en que los hombres confunden a los dioses con la Suprema Energía Universal, y le atribuyen a esta lo que es causado por aquellos. Parodiando la frase de Cristo «dondequiera que hay cadáveres, allí se reúnen los buitres», podríamos decir que «dondequiera que hay dolor humano, por allí andan los dioses». Los habituales avistamientos de ovnis en las grandes catástrofes (como tras los terremotos) y en las guerras (en la de las Malvinas hubo una inusitada actividad ovni; y el lector debe recordar los misteriosos *foo fighters* de la guerra de Corea) son algo que tendría que hacernos reflexionar a todos, incluidos los «ufólogos» miopes que, o desconocen estos hechos o prefieren no tenerlos en cuenta porque contradicen su teoría de la bondad de nuestros visitantes. Mientras ocurren estos sucesos andan por allí porque, o bien son los causantes del mismo (aunque muchas veces lo hagan parecer como natural), o bien han acudido presurosos (por ejemplo si se trata de un cataclismo natural), para de alguna manera beneficiarse.

«Perder la fe» es una frase que tiene una trágica connotación religiosa, pues es prácticamente sinónimo de «condenación eterna». Y esa será precisamente la próxima norma que propondré para liberarse de la injerencia de los dioses.

5.ª *Prescindamos de dogmas y de ritos que pugnen contra la inteligencia y el sentido común. Dejemos de lado las creencias tradicionales que tienen que ver con el más allá y con la manera de concebir esta vida.*

Mientras la raza humana continúe amarrada a los mandamientos-caprichos de los diferentes dioses en los que actualmente cree, y mientras sigamos pensando que estos mandamientos están por encima de lo que nos digan la razón y el sentido común, seguiremos siendo presa fácil para ellos, ya que con toda buena voluntad abrimos nuestras almas a sus dictados y a sus deseos. Por eso, quien quiera llegar a una mayoría de edad religiosa, tiene que rechazar positivamente todas aquellas partes del dogma cristiano que van contra el sentido común. Pero para ello la mayor parte de los cristianos tendrán que sentarse a pensar de nuevo y a fondo su fe, cosa que probablemente no han hecho en toda su vida. El funesto axioma de todos los doctrinarios «cree, no pienses» es fatalmente seguido y practicado en todas las religiones, con las consecuencias que hemos venido viendo a lo largo de este libro.

La realidad es que a fuerza de haber admitido generación tras generación como cosa normal (como «voluntad de Dios») aberraciones que van contra el sentido común y contra los más elementales dictados de la razón, la humanidad ha llegado a comulgar con toda naturalidad con ruedas de molino, ha llegado a admitir como justas cosas que van contra la más elemental equidad, y se ha tragado como sagrados dogmas de fe afirmaciones absurdas que no resisten el más elemental análisis.

Al decir esto, no estoy afirmando que todo lo que el cristianismo nos manda creer o practicar sea falso o absurdo. Por el contrario, estoy muy de acuerdo en que en el seno del cristianismo hay mandamientos válidos. Pero lo malo es que nos los dan mezclados con unos dogmas que repugnan a la sana razón. Nadie negará la validez del mandamiento del amor al prójimo, del respeto a los padres o de la prohibición de matar o de mentir, etc.; pero al lado de estos principios válidos, existentes no solo en las otras religiones sino en la más elemental ética natural, nos presenta creencias como la de la existencia de un infierno eterno, la de una autoridad humana infalible y la de un cielo inmediato después de esta vida, que será prácticamente como un club exclusivo para aquellos que hayan creído las increíbles cosas que el cristianismo manda creer.

Mientras las mentes de los humanos no se liberen de semejantes absurdeces, seguirán enfermas e incapaces de evolucionar para que el hombre llegue a ocupar en este planeta y en el cosmos el lugar que como ser racional le corresponde.

Esto nos llevará de la mano a otra regla que se desprende lógica y naturalmente de esta.

6.ª *Destraumaticémonos. Liberemos el alma de todos los miedos y de todas las angustias y de todas las deformaciones que las erróneas creencias cristianas (y en último término, los dioses) nos han ido inculcando a lo largo de los siglos y a lo largo de nuestras vidas.*

Nuestras mentes están enfermas. Al igual que el psiquismo de muchas personas está profundamente afectado por algún fuerte trauma o susto que recibió en su infancia, el psiquismo y la capacidad de pensar desapasionadamente están profundamente afectados en toda la raza humana. Parece que genéticamente heredamos esta incapacidad, y ello es debido a que, en la infancia de todas las razas, los dioses nos asustaron y nos metieron el complejo de que «no podemos», de que «no valemos», de que los necesitamos, de que tenemos que poner nuestra vida a su servicio. Como resultado de este complejo, la humanidad ha derrochado a lo largo de los siglos gran parte de sus energías en servir a Dios, en vez de progresar y mejorar el planeta. Como resultado de esta incapacidad para pensar serenamente —y de este «servir a Dios» mal entendido—, la humanidad tiene en su haber la historia más desastrosa y más horrenda que se pueda imaginar.

Nuestras mentes están realmente enfermas, pues somos absolutamente incapaces de ponernos de acuerdo en las cosas fundamentales que harían que este planeta funcionase mejor. Cada vez son más los que sospechan una programación genética que nos fuerza a guerrear y estar en una perpetua discordia. Quien estudie la historia humana desde un punto de vista bélico no tendrá otra explicación ante la disparatada manera de actuar de los humanos a lo largo de los siglos.

Nuestras mentes y nuestras almas están enfermas y por eso es urgente que las sometamos a un proceso de catarsis profunda. Y esta limpieza tiene que comenzar por todos los falsos axiomas que traemos en buena parte implantados cuando venimos al mundo, y que más tarde las religiones, las patrias y las familias —tres instituciones «sagradas»— nos remachan en el alma y en la mente.

En realidad son solo una estrategia para que los hombres sigamos sin evolucionar, peleándonos constantemente, poniendo nuestras vidas «al servicio de Dios» y truncando nuestra ascensión hacia la etapa de superhombres.

Conseguido esto (que no es más que un paso negativo y previo, pues consiste en liberarse de algo), estaremos listos para dar el próximo paso positivo que nos defenderá aún más ante el poder de los dioses:

7.ª *Instituyamos un nuevo orden de valores. Organicemos nuevas prioridades en la vida, de acuerdo no con los deseos de ningún dios, sino con las necesidades del género humano.*

No llegaremos a este nuevo orden de valores si no cumplimos cabalmente con los puntos 5.º y 6.º que acabamos de describir. No seremos capaces de sacudirnos el yugo de los dioses mientras sigamos pensando que ciertas cosas son pecado porque van «contra la voluntad de Dios», cuando, por otro lado, son útiles a la humanidad considerada como un todo y además no ofenden a nadie en particular.

Este despertar de la conciencia humana y este llegar a una adultez en la que ya nos sentimos capaces de tomar nuestras propias decisiones, sin tener que estar preguntando constantemente a los «representantes de Dios» si lo podemos hacer o no, tiene que llevarnos a escribir, de común acuerdo, unas creencias y unos mandamientos nuevos, mucho más genéricos, en los que se respete el sentido común y la dignidad de la persona humana. Y esto lo tenemos que hacer sin acudir a biblias ni a autoridades infalibles; lo tenemos que hacer poniéndonos de acuerdo entre nosotros, lo mismo que nos hemos puesto de acuerdo para muchas otras cosas.

Los hombres, en una especie de parlamento mundial, tendrán que reunirse para ponerse de acuerdo en qué es lo que le conviene a la humanidad y qué es lo que no le conviene. Y eso serán los nuevos mandamientos y los nuevos dogmas. Tenemos que estudiar cuál es la verdadera «ley natural», no la «ley natural» de la que tanto nos han hablado los teólogos y que tanto han manipulado en su beneficio las autoridades religiosas.

La sacralidad con la que estas autoridades religiosas han investido muchas cosas y acciones de la vida humana dejará de existir si los hombres nos ponemos de acuerdo en que tal cosa o tal acción «sagrada» son nocivas para nosotros. Lo único que hay sagrado en la Tierra es la vida misma y su recta evolución. Y los hombres, en armonía, somos los que tenemos que decidir cuál es esa recta evolución. Dios estará sin duda de acuerdo con lo que los hombres en armonía decidamos, por mucho que estas decisiones vayan contra todas las cosas que los doctrinarios han declarado sagradas.

Estos nuevos mandamientos serán mucho más relativos y adaptables a las necesidades del hombre, porque no estarán en función de los deseos de ningún dios, sino de las justas necesidades de los seres humanos. Y aunque alguien pudiera decir que ya no deberían llamarse «mandamientos», puesto que son únicamente los deseos de los hombres, sin embargo, si son profundamente considerados siguen siendo «mandamientos de Dios», porque el verdadero Dios —la gran inteligencia que rige el cosmos— lo único que quiere es la recta evolución del ser humano y de todas las criaturas del planeta. Y si los hombres se tomasen el trabajo de estudiar cuál es esa recta evolución, estarían mucho más cerca de cumplir la «voluntad de Dios» que haciendo sacrificios o cumpliendo absurdos ritos a los falsos dioses que durante milenios los han tenido engañados.

Toda esta filosofía la resumió genialmente un campesino a quien el diario *El País* le hizo una entrevista con motivo de sus 95 años. «Todo lo que sea bueno para la humanidad ¡que venga!», decía el campesino. Y añadía: «Los ritos religiosos no son más que groserías contra Dios y contra el hombre».

Estos nuevos dogmas serán también mucho más genéricos y sobre todo más respetuosos con la Divinidad, sin meterse a definirla ni analizarla, y reconociendo que nuestro cerebro es totalmente incapaz de abarcar una Inteligencia y una Energía que han sido capaces de echar a rodar toda esa infinitud de mundos que por la noche vemos flotar sobre nuestras cabezas. Creeremos muchas menos cosas, pero esperaremos más. Porque el Dios Cósmico, el Dios-Universo, no tiene nada que ver con el ídolo del cristianismo. El Dios-Energía ni tiene ira, ni se impacienta, ni mucho menos tiene castigos eternos para esta maravillosa mota de polvo que se llama «hombre».

Y al hablar así, entramos en la última regla que nos ayudará a los mortales a defendernos de los dioses.

8.ª *Tenemos que cambiar radicalmente nuestra idea de Dios*[32].
Esto es importantísimo y está en el fondo de toda la gran transformación que la humanidad tiene que sufrir en los próxi-

---

32 He aquí lo que, a propósito de esto, dijo el genio de Albert Einstein: «En cierto sentido, me considero entre los hombres profundamente religiosos. Pero me resulta imposible imaginar un Dios que recompense y castigue a seres creados por él mismo, o que, en otras palabras, tenga una voluntad semejante a la nuestra». (Albert Einstein. *Mi visión del mundo*. Tusquets Editores). Y en otra parte dijo: «Nadie negará que creer en la existencia de un Dios personal, omnipotente, justo y benéfico, les da a los hombres solaz y alegría; además, en virtud de su simplicidad, esta idea es asequible a las mentes menos desarrolladas. Pero por otro lado, esta idea de Dios tiene muchos puntos débiles... El origen principal de los conflictos actuales entre la religión y la ciencia proviene de la idea de un Dios personal». (Albert Einstein. *Mis ideas y opiniones*. Antoni Bosch).
Einstein habló repetidamente de lo que él llamaba la «religiosidad cósmica», difícil de comprender, pues de ella no surge un concepto antropomórfico de Dios. «Lo que iguala a todas las religiones es el carácter antropomórfico que atribuyen a Dios. Es un estadio de la experiencia religiosa que solo intentan superar ciertas sociedades y ciertos individuos especialmente dotados». (Albert Einstein. *Mi visión del mundo*. Tusquets Editores).

mos decenios. De hecho, esta gran transformación ya ha empezado a realizarse, y de ella se ven señales por todos lados.

Y aquí el lector me va a permitir varias autocitas de mi libro *Por qué agoniza el cristianismo*, en el que dediqué dos capítulos enteros a explicar cuál es la idea de Dios en el cristianismo y cuál es mi idea de Dios.

Quiero que quede bien claro que creo que hay «algo» —que es inalcanzable en su totalidad por mi mente— que es la Esencia del cosmos y que llenándolo todo es diferente a todo. Dicho en otras palabras, creo que hay un Dios, pero ese Dios que yo deduzco con mi razón dista enormemente del dios bíblico.

La mera palabra «Dios» constituye un verdadero problema para la teología, y los teólogos más avanzados están —cosa rara— de acuerdo en ello. Tenemos que tener siempre muy presente que todas las ideas y los conceptos religiosos son obra del hombre y no de Dios. Porque tal como dice Gabriel Vahanian, «la religión no fue inventada por Dios sino por los hombres». Y, como es natural, el hombre vuelca y refleja en sus ideas religiosas todas sus ignorancias, sus fracasos y sus limitaciones. Y el primer reflejo de estas limitaciones lo tenemos en la palabra «Dios», y en los diferentes conceptos que tenemos cuando la pronunciamos.

Yo confieso que, más que palabras o conceptos claros para definirlo, lo que tengo en la mente son vacíos para explicar una realidad que se me escapa, y por eso prefiero explicar mi idea sobre Él en términos negativos, diciendo lo que no es.

Dios ni es persona, ni es hombre, ni tiene hijos (y mucho menos madre), ni es juez, ni es perdonador, ni es vengador, ni tiene ira (la ira es uno de los siete pecados capitales), ni es esto ni es lo otro. Todos estos son términos puramente humanos que muy probablemente se le aplican a Dios con la misma propiedad con que se le podrían aplicar a un puente los términos «tierno», «sensible», «rencoroso» o «dócil»; solo de una manera muy lejana y cuasipoética se le pueden aplicar. Pero para calificar a un puente hay que usar otros términos completamente diferentes.

La gran diferencia es que al puente lo conocemos muy bien, mientras que a Dios no lo conocemos en absoluto o lo conocemos muy mal y muy de lejos, y por eso no tenemos adjetivos para definirlo. Ese ha sido el gran pecado de los teólogos de todas las religiones: la falta de respeto con que han tratado a Dios. Creyendo conocerlo a fondo, lo han definido y nos han dado de Él una idea que es completamente caricaturesca, cuando no grosera y hasta blasfema. El dios del Pentateuco y el dios de la teología cristiana son un auténtico monstruo.

El dios vengador, el dios iracundo, el dios que se encapricha con un pueblo y se olvida o maltrata a los demás, el dios que deja morir de hambre a millones de personas, el dios en cuyo nombre se hacían guerras y se conquistaban imperios y continentes, el dios cuya fe era extendida con la espada y defendida con las hogueras, el dios que se gozaba en la pompa de sus representantes, el dios que «inspiraba» a sus profetas a que maldijesen y anatematizasen a los que no pensaban igual, el dios que nos impone la cruz y el sufrimiento como único medio para llegar a él, el dios que tiene infiernos para castigar a esta pobre sombra que se llama «hombre»..., ese dios es una amenaza para la humanidad; ese dios es una especie de insulto a la inteligencia humana; ese dios no tiene explicación lógica. Ese dios se está muriendo en la actualidad en la conciencia de los hombres.

Esa es, ni más ni menos, que la esencia de la famosa teología de «la muerte de Dios» que hace unos años sacudió la conciencia de los cristianos pensantes y desató olas de indignación y protesta entre los que no fueron capaces de comprender de qué se trataba. El hombre de nuestra generación ha caído en la cuenta de que Dios no puede ser así, y por eso se ha lanzado a buscarlo por otros caminos. La mente del hombre de hoy está haciendo un enorme esfuerzo por concebir una imagen de Dios que esté más de acuerdo con la realidad; una idea en la que Dios no esté tan humanizado y tan distorsionado...

En una lectura atenta y simple del Pentateuco nos encontramos enseguida con que el dios que allí se nos presenta —el Yahvé que se les manifestó a Abraham y a Moisés— es un individuo vengativo, cruel, encaprichado con un pueblo y feroz con los otros pueblos (que supuestamente también eran hijos suyos), celosísimo de otros dioses (dioses que por otro lado no existían, a juzgar por las mismas enseñanzas de Yahvé), intolerante, impaciente, incumplidor de sus promesas, incansable demandador de sacrificios sangrientos (con los cuales no hacía más que imitar a los falsos dioses de los otros pueblos), extraño en su manera de manifestarse, confuso y contradictorio en su mensaje a los hombres, absurdo en muchas de sus peticiones, errático en su manera de proceder, exigente, implacable en sus castigos, miope en cuanto a los otros habitantes del mundo..., en definitiva, demasiado parecido a los hombres, tanto en sus defectos como en sus virtudes... Pero del Dios fuente de toda belleza y bondad que los hombres tan ansiosamente buscamos, no solo tenemos derecho a esperar alguna virtud, sino todas ellas en grado sumo y además una ausencia total de todas las cosas negativas y malas que encontramos en el Yahvé del Pentateuco.

Esta es, ni más ni menos, la imagen de Dios que nos salta a la vista en cuanto nos asomamos a las primeras páginas de la Biblia. Y para los que nos digan que es una imagen distorsionada, tenemos la sugerencia de que sigan leyendo los libros siguientes al Pentateuco para que vean que los profetas y demás representantes de Yahvé entendieron de esta misma manera a su dios, y por eso nos hablan sin cesar de su ira y de sus venganzas...

Mi Dios no está aquí o allí. No «tiene», no «quiere», no «se enfada», no «castiga», no tiene necesidad de «perdonar». Todos estos son atributos de las personas humanas y, como ya dije, Dios ni es hombre ni es persona.

Indudablemente, al hombre-niño le da más seguridad la idea de un Dios-padre y en cierta manera se siente perdido y huérfano cuando le privan de ella. Por eso creo que la idea de presentar a Dios como padre, haciendo mucho hincapié en ello, fue un gran logro del cristianismo y de Cristo. Pero desde los tiempos de la fundación del cristianismo hasta hoy, la psicología de los hombres (y más en concreto de ciertos hombres más evolucionados) ha cambiado mucho.

Yo no creo en el cielo que se nos presenta en el cristianismo, es decir, en un cielo «inmediato y definitivo» con una «contemplación directa» de Dios. Esta es otra enorme infantilidad de los habitantes del planeta, propia de los niños. Al llegar de vuelta de la vida —al llegar de vuelta de la escuela—, el hombre quiere encontrar a su mamá-Dios en casa. Tiene necesidad de abrazarla, de saber que está allí, de contarle las incidencias de la clase de la vida. Pero tal Dios-mamá, Dios-hombre, Dios-persona no existe. Dios es algo completamente diferente.

Yo me siento mucho más cerca de Dios cuando veo su mano firme moviendo la gigantesca maquinaria del firmamento o cuando me asomo a contemplar los fantásticos panoramas que estamos encontrando en lo profundo de la materia que cuando leo en el Pentateuco las carnicerías y las venganzas del repulsivo personaje que el judeocristianismo nos ha querido presentar como el Dios del universo.

Comprendo que para muchos hablar así de Dios los deja fríos y hasta con una impresión de cierta orfandad. Lo mejor que harán será seguir concibiendo a Dios de la manera que más beneficie a su psiquismo. Poco importa cómo lo conciban, Dios es como es y no como lo pensamos los hombres. El único consejo que a estas personas yo les daría es que a su idea de Dios le quiten todos los sambenitos de «iracundo», «justiciero», «vengativo» y «exigidor perpetuo de dolor y de sacrificios» que los doctos fanáticos le han ido imponiendo con el paso del tiempo.

Y para terminar la difícil tarea que me he impuesto de expresar cuál es mi idea de Dios, diré que mi Dios es Omnipotencia; mi Dios es Orden (aunque el fantástico orden de la Creación sea inabarcable muchas veces para nuestra mirada de mosquitos); mi Dios es Grandiosidad (no es cicatero como el dios cristiano); mi Dios es Luz; mi Dios es Belleza; mi Dios es Amor, un amor que en esta etapa humana de mi existencia lo siento primordialmente y se lo devuelvo a través de mis hermanos los hombres y a través de todas las criaturas. Y como mi Dios es Amor, yo sé que tarde o temprano, y pese a todos mis defectos y mi pequeñez, acabará inundándome de sí mismo...

Y en una «Exhortación final» refrendo estas ideas diciéndole al lector:

Hombre mortal, mota de polvo, voluta de humo, copo de nieve que brillas un momento en la noche del tiempo y en un segundo te derrites en la tierra, ¡deja de andar buscando a Dios aquí o allá! ¡No lo coloques en ningún sitio, no lo empequeñezcas, no lo caricaturices, no lo hagas una cosa más! Dios late en el universo infinito que te rodea y es demasiado grande para poder ser comprendido por tu pequeña mente. ¡Deja de correr detrás de Dios como si fuese un muchacho travieso que juega al escondite contigo! ¡Deja la infantilidad de pensar que solo puedes vivir feliz y decentemente si lo tienes agarrado entre tus brazos como si fuese un fetiche que te protege y que te dará buena suerte! ¡Deja de angustiarte con falsas imaginaciones de torturas, castigos, demonios, purgatorios e infiernos, y siéntete con derecho a ocupar tu lugar en el cosmos!

¡Mírate! ¡Eres un auténtico hijo de Dios! No por redenciones ni por salvaciones que nadie te haya regalado, sino por tu misma naturaleza que participa de la divinidad y que tú tienes que hacer evolucionar mediante el buen uso de tu inteligencia y de tu corazón.

Pido perdón al lector por una cita tan larga, pero no podía escribir lo mismo que ya había escrito antes, y las ideas aquí transcritas son la culminación lógica y natural de todo lo que llevamos dicho en este capítulo.

La última frase de la cita, con la que animo al lector a su propia evolución, será la que nos lleve de la mano al último capítulo de este libro.

«SERÉIS COMO DIOSES»

Una frase clave

La frase que titula este último capítulo, famosa en la Biblia, siempre nos fue presentada como una mentira con la que Satanás intentó engañarnos a los humanos y apartarnos de los mandamientos y de la obediencia a Dios. A la luz de esta nueva manera de ver las cosas, la frase resulta una gran verdad, y también una pauta a seguir si la humanidad quiere superar el calamitoso estado en el que se encuentra actualmente.

La clásica teología cristiana nos dice que Luzbel se rebeló contra Yahvé y fue derrotado, y nos dice también que, lleno de rabia contra su vencedor, le sugirió a la primera pareja humana —precisamente mediante esta frase— que no le hiciese caso a la orden de Dios de no comer la fruta del «árbol del bien y del mal». El razonamiento de Luzbel a nuestros primeros padres fue: «Os prohíbe comer de esta fruta, porque la realidad es que si la coméis llegaréis a ser como él».

Esta frase fue la valiosísima confidencia que, en un momento de rabia, uno de estos falsos dioses (Luzbel) nos hizo para vengarse de otro falso dios (Yahvé) que acababa de vencerlo tras una fiera batalla por el domino de la raza humana. La frase, lejos de ser una mentira, fue el acto malhumorado de un derrotado que, en venganza por la guerra que acababa de perder, nos revelaba un gran secreto.

La verdad profunda de la famosa frase bíblica podría ser interpretada así: «No hagáis caso a los mandamientos que os dé; porque si les hacéis caso, vais a ser sus esclavos por los siglos de los siglos, ya que los mandamientos están muy bien pensados para que no podáis progresar ni llegar a ser, mediante una evolución natural, unos seres superiores como lo es él».

Los cálculos de Yahvé, al igual que los cálculos de los demás dioses que a lo largo de los milenios han ido prohijando y dando mandamientos a los demás pueblos del mundo, han sido perfectos, tal como lo demuestra la espantosa historia humana, llena de sangre y de peleas entre todos los seres humanos. Y como ya hemos visto, una de las causas directas más importantes para esas peleas y esa sangre son los mandamientos religiosos de cada uno de esos pueblos. Los que tienen mandamientos diferentes pelean entre sí para destruir a los «infieles y paganos», y los que los tienen iguales también pelean entre ellos para destruir a los «herejes». Y cuando no bastan los motivos religiosos, entran en juego todas las otras estrategias que hemos descrito ampliamente en páginas anteriores.

La triste realidad es que los nombres, en lugar de haber evolucionado en una línea auténticamente humana (en la que poco a poco hubiésemos ido perfeccionando nuestra propia naturaleza y nuestras capacidades corporales y espirituales), nos hemos pasado los siglos al servicio de nuestros respectivos dioses, gastando en su honor lo mejor de nuestras riquezas y de nuestras energías físicas y empleando en su adoración y en el cumplimiento de sus deseos lo mejor de nuestras capacidades intelectuales y espirituales[33]. Pero seguimos tan belicosos, tan separados por nuestras ideas religiosas, tan patrioteros y tan impotentes ante el hambre, las enfermedades y el dolor como lo éramos hace siglos.

Por eso ha llegado la hora de que despertemos. Yo comprendo que las ideas que estoy propugnando, y este mismo despertar al que incito no solo al lector sino a todos los hombres pensantes y a toda la sociedad, es algo dificilísimo de ser admitido sin más ni más, ya que va contra toda una manera de pensar que está implantada profundamente en nuestro ser. Cada persona está aferrada a sus creencias, a sus tradiciones, a su cultura, a su raza, a su patria, a su lengua..., sin caer en la cuenta de que todas estas cosas «importantísimas» son las que tienen a la humanidad dividida y son las que no la dejan ser feliz. Nadie está dispuesto a prescindir de ellas, porque en las mentes de la mayoría eso constituiría una traición a «principios éticos fundamentales».

Este es el engaño maestro en el que nos han hecho caer los dioses: hacernos creer que lo que nos destruye es «sagrado» e intocable. Y por eso no hay muchas esperanzas de que todas estas ideas vayan a tener una fácil acogida en las mentes de la mayor parte de la humanidad en breve tiempo.

---

33 Cada vez que el lector entra en una de nuestras maravillosas catedrales, debería tener muy presente que semejantes montañas de piedra, trabajadas con un mimo y una maestría que hoy nos pasman, suponen un enorme esfuerzo físico y económico totalmente desproporcionado para las condiciones en las que se desenvolvía la vida de los obreros que las realizaban. En aquellas épocas, el hambre y las pestes diezmaban a las poblaciones de Europa; pero la mente humana, obcecada por el fanatismo religioso, en lugar de dedicarse a vencer estas tremendas lacras sociales, dedicaba todas sus energías a hacerle una «casa digna» a Dios. ¡Cómo si el autor de la bóveda celeste necesitase casas!

Pensemos, si no, en la situación del Líbano; Irak e Irán se destrozan mutuamente con una santa ferocidad inspirada por Alá, aproximándose ya a la espantosa cifra de 500 000 mil muertos. El primero, por vengar viejas ofensas patrias de los iraníes, y estos, por el honor nacional y por la extensión de una santa revolución islámica. Drusos y cristianos se matan, animados por un heredado rencor religioso. Los palestinos se aniquilan entre sí para demostrar cuál de los dos bandos tiene un mayor ardor patriótico. Siria y Libia colaboran en la guerra santa contra el gobierno cristiano del Líbano. Norteamericanos y franceses vuelan por los aires a impulso de una dinamita empapada de odio racial y religioso. Y en la base de todo este caos, y como origen de todo él, tenemos el ciego fanatismo religioso de Israel, que un buen día, y contra todo derecho (inspirados por las palabras de Yahvé pronunciadas ¡hace 4 000 años!), despojaron de su patria a los palestinos, convirtiéndolos en un pueblo errante y desesperado. De víctimas de los nazis, los israelíes se han convertido en los nazis del Medio Oriente.

¿Por qué todo este horrendo infierno del Medio Oriente? Por ideas «sagradas» defendidas con furor por fanáticos irracionales, que en vez de usar la cabeza se dejan llevar por sus sentimientos.

Sin embargo, a pesar de las mil dificultades, hay en la actualidad mejores perspectivas de las que había, por ejemplo, a principios de siglo (me refiero al siglo pasado). Aceleradamente van apareciendo en todas las sociedades y naciones más individuos en los que estas ideas caen como en un campo abonado, y se puede decir que las nuevas generaciones vienen en cierta manera predispuestas para aceptar muchos de estos nuevos enfoques y para lanzar por la borda buena parte de las sacras tradiciones que heredaron de sus mayores. Y estas nuevas tendencias ya se van haciendo sentir en nuestra moderna sociedad.

Un ejemplo de esto fueron los 40 000 jóvenes norteamericanos que se negaron a ir a pelear a la absurda guerra de Vietnam, refugiándose en Canadá y enfrentándose así a la estupidez de unos gobernantes imbuidos de unas rancias ideas patrióticas. (El día que los jóvenes de todo el mundo se nieguen a enrolarse en los ejércitos, a los políticos paranoicos y a los generales patriotas les va a ser mucho más difícil organizar esos juegos mortales que hasta ahora han afligido a la humanidad).

Otro ejemplo de esta nueva tendencia es la creación del Mercado Común Europeo —hoy amenazado por la miopía patriotera de algunos politicastros—, donde podemos ver una clara tendencia hacia una progresiva integración en una sociedad más unida y coordinada. Este, en apariencia pequeño logro, es un paso de gigante en una Europa profundamente dividida por siglos de guerras interminables y naturalmente separada por culturas, lenguas, patrias y razas.

Algo por el estilo se puede vislumbrar en algunos programas de televisión que se transmiten simultáneamente en varios países europeos, donde discretamente los jóvenes participantes se mofan de los respectivos patriotismos, incluido el propio. Es como un comienzo de reflexión y de autocrítica en áreas que hasta ahora habían sido consideradas como tabú, y por lo tanto intocables e incambiables[34].

---

34 En los treinta años que han pasado desde que escribí este libro, este despertar de la humanidad se ha acelerado enormemente gracias a las nuevas tecnologías que nos han brindado todo tipo de aparatos para la inmediata y automática intercomunicación entre nosotros. Y aunque la humanidad no lo sepa, en la repentina aparición de estos casi milagrosos aparatos han tenido mucho que ver, tanto de forma positiva como negativa, los dioses de los que hemos venido hablando en todo este libro, sobre todo los negativos. La humanidad no estaba preparada para un cambio tan rápido y esos maravillosos instrumentos, en manos de toda clase de gente inmadura, están sirviéndoles a ellos para atontarnos y esclavizarnos más. [*Nota del autor a la actual edición*].

Estamos comenzando la primera etapa, que consiste en despertar. Despertar de un sueño de siglos. Por eso no hay que extrañarse de que la resistencia a salir de la modorra en que la humanidad ha estado sumida por tanto tiempo sea grande, sobre todo en los políticos viejos con grandes intereses creados. Cuando uno despierta de un largo y profundo sueño, tarda un tiempo en caer en la cuenta de la realidad circundante. Estamos cayendo en la cuenta, lentamente, de la situación en la que nos encontramos. Una vez que lo hayamos conseguido —y para ello ayudará mucho seguir los pasos que apuntamos en el capítulo anterior— estaremos en posición de planificar nuestra evolución, en una línea completamente humana, teniendo como meta nuestro propio perfeccionamiento, tanto en el orden fisiológico como en el psicológico y espiritual, de modo que en un futuro no demasiado lejano alcancemos la categoría y el rango a los que estamos destinados dentro de nuestra propia escala cósmica. Porque el hombre lleva dentro de sí una semilla que tiene que hacer germinar para continuar su interrumpida ascensión hacia esta categoría, libre ya de la esclavitud a la que otros seres «superiores» lo han tenido sometido.

Evolucionemos racionalmente y sin miedo

Por eso las palabras claves para los tiempos futuros serán «evolución» y «racionalidad». Por encima de las palabras «patriotismo», «tradición», «fe» y todas las demás que la estulticia o los intereses creados de unos cuantos (instrumentos de los dioses) han ido creando a lo largo de los siglos para tener a los hombres entontecidos con falsos valores y peleando entre ellos.

Una evolución racional y conforme a las necesidades y a las capacidades humanas, lejos de excluir todos los otros valores dignos, los englobará y los realzará, pero colocándolos en el lugar que les corresponde dentro de la realización total del hombre como ser autónomo y realmente inteligente.

Y los dioses, que se busquen algún otro antropoide sobre el que parasitar. Primero lo perfeccionarán fisiológicamente, para que su cerebro sea capaz de producir lo que a ellos les interesa, y luego le darán mandamientos religiosos, principios éticos y ardores patrióticos, para que su cerebro no siga evolucionando y se limite a producir las ondas que a ellos les gustan. Y el pobre antropoide sacralizará esos mandamientos y pensará que el propósito de su vida es cumplirlos... ¡sin saber que esos mandamientos son los que lo hacen un esclavo!

No quiero terminar sin insistir en algo que considero importante. Ya hemos dicho que tenemos que evolucionar de tres maneras:

1.ª *Intelectualmente,* conociendo cada día más cosas, y capacitándonos para comprender mejor el mundo y el universo que nos rodea.

2.ª *Moralmente,* siendo cada día mejores, más respetuosos con los derechos de los demás y con el recto orden de la naturaleza, y defendiendo el bien y la justicia que sean beneficiosos para la humanidad (no el bien y la justicia que se nos diga en ningún «libro sagrado»).

Y por fin, y este es el punto en que quiero hacer hincapié porque ha sido malamente distorsionado por todos los doctrinarios religiosos:

3.ª *Estéticamente,* cambiando nuestros gustos primitivos y materialistas por otros más dignos de mentes evolucionadas.

Pero en este evolucionar estético está incluido algo que ha sido siempre mirado muy sospechosamente por los ascetas de todas las religiones, y contra lo que han tronado todos los moralistas aguafiestas que tanto han florecido en todas las sectas del cristianismo: el goce de las muchas cosas bellas y buenas que hay en este mundo.

No solo hay que amar la belleza, sino que hay que tratar de *crearla* según las fuerzas de cada uno, y hay que *disfrutarla;* porque la belleza solo tiene sentido si es disfrutada por alguien.

Según la teología clásica (la que los dioses falsos, disfrazados de Dios verdadero, nos inculcaron), este mundo es un valle de lágrimas al que venimos a hacer méritos (mediante el sacrificio y la renunciación) para la vida futura. Pero según la nueva teología que estamos empezando a construir, este mundo es un peldaño en el infinito ascender de todo el universo, de lo menos perfecto a lo más perfecto; y sufrir para hacer «méritos para otra vida» es algo que no tiene sentido. Al igual que tampoco tiene sentido dejar de disfrutar las cosas buenas y bellas que nos brinda la vida, pudiéndolas disfrutar sin menoscabo de nadie. No hacerlo es menospreciar algo que nos ha sido dado precisamente para que lo disfrutemos[35].

---

35 En el Talmud (donde, como en todo «libro sagrado», hay grandes verdades mezcladas con grandes falsedades) leemos este curioso pensamiento: «En el más allá, el Señor nos juzgará por las cosas buenas que hayamos dejado de disfrutar, habiéndolas podido disfrutar con justicia». Y, en contraposición a este sabio pensamiento, tenemos la increíble afirmación hecha por Juan Pablo II en el mes de febrero de 1984 de que toda sexualidad que no vaya dirigida a la procreación es pecaminosa. Este es un ejemplo de los muchos aberrantes «axiomas» con los que las autoridades de todo tipo han ido intoxicando poco a poco las mentes de los humanos.

Embellezcamos por tanto nuestro planeta y nuestras vidas todas y aprendamos a gozar, sin miedo de que al hacerlo estemos yendo contra algún mandamiento. Quitémonos de la mente el complejo de que todo lo sabroso es pecado.

Toda la enorme distorsión a la que el sexo ha sido sometido en el seno del cristianismo se debe, en el fondo, a esta filosofía y al consiguiente complejo que a lo largo de los siglos ha ido generando en las mentes y en las almas de los buenos cristianos. El sexo, por ser una gran fuente de placer, es mirado con recelo por los doctrinarios cristianos, y la mortificación que produce la privación antinatural de él es algo que los dioses han sabido aprovechar muy bien, valiéndose de todas las normas de decencia social, de todas las doctrinas, de todos los votos de castidad, de todas las virginidades, de todas las «guías de moral» y de todos los principios de honestidad cristiana con los que las sociedades occidentales han sido santificadas (y mortificadas) durante tantos siglos[36].

Usando la terminología de los creyentes en un Dios personal, disfrutar de la vida sin menoscabo de nadie es «dar gloria a Dios», al usar inteligentemente las cosas que Él les ha dado. No disfrutar de todos aquellos placeres que están a nuestra mano, bien sea por «ofrecérselos a Dios» o por la idea de que puede ser pecado, es actuar neciamente, víctimas de complejos y de ideas absurdas que ya va siendo hora que sacudamos con decisión de nuestras mentes. ¿Qué clase de

---

36 De nuevo insisto en que no estoy predicando una sexualidad libre y sin frenos. Comparo al sexo con el alcohol y la heroína. Son tres grandes tentaciones para el ser humano que, practicadas racionalmente, le ayudan (la heroína en forma de morfina es muy útil en medicina para los cuidados paliativos), pero que al mismo tiempo son un gran peligro por la enorme atracción que ejercen sobre nosotros, y de hecho han sido causa de millones de desgracias y de muertes. [*Nota del autor a la actual edición*].

Dios es ese que tiene celos del placer de sus criaturas? ¿Qué clase de padre es ese que a todos sus hijos, sin excepción, les exige el sufrimiento? Y ¿qué clase de creador inmediato es ese que no ha sido capaz de crear ni un solo ser humano que le haya salido bueno, puesto que a todos los tiene que hacer sufrir para purificarlos, y a todos los tiene que «redimir» para «salvarlos»?

Convenzámonos de que *un Dios que pide dolor y sacrificios es un dios falso; y un Dios que pide adoración, es un Dios vanidoso y, por lo tanto, también falso.*

Hombre actual, ¡rebélate contra tanta aberración que te ha sido predicada como «palabra de Dios»! Lo que hasta hoy se te ha presentado como «palabra de Dios» no son más que mentiras de los dioses. Rebélate contra ellas y contra ellos.

Comienza a vivir, por fin, como un ser racional, usando sin miedo tu propia mente, que es el gran don que el verdadero Dios te ha dado para que te defiendas de los dioses y de los pobres hombres que aquellos usan como sus representantes.

Luchemos todos por hacer un mundo más feliz en el que, en lugar de ser fieles a una fe y a unos principios que nos separan de otros hombres, seamos fieles a la racionalidad y al amor que nos hacen a todos hermanos.

Made in the USA
Columbia, SC
23 June 2024

37419810R00159